'십자가의 도'를 아십니까?(고전 1:18)

(예수님, 이렇게 믿으세요)

예 수 님 이 렇 게 믿 으 세 요

십자가의 도를 아십니까?

김호성 지음

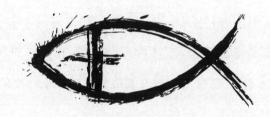

베드로서원

교회에 처음 오는 사람들을 어떻게 도울 수 있을까?

교회는 아무나 다니는 것이 아니다. 한두 번은 나올 수 있다. 그러나 성령으로 거듭나는 축복을 받지 못하면 계속 다니기가 불가능하다. '가나안 교인'이라는 말이 떠돈다. 믿는다고 하면서 교회를 나오지 않는 사람들을 일컫는 말이다. 그게 가능한가?

성령으로 거듭났다면 그게 가능한가? 단연코 불가능하다. 성령으로 거듭나면 교회에 오고 싶어진다. 허물 많고 흠이 많은 교인들 속에 들어오고 싶어 한다. 흠이 많고 죄가 많다하여 박차고 나가지 않는다. 그 안에서 함께 울고 함께 웃는다.

핵심은 중생이다. 즉 성령으로 거듭남이다.

어떻게 성령으로 거듭나는가?

예수님을 주님으로 영접할 때 거듭난다.

그렇다면 예수님이 누구신지 바로 알아야 한다.

예수님이 누구신지 알지도 못하는데 어떻게 믿으며 어떻게 영접할 수 있는가?

그래서 본서는 예수님을 믿어야 할 필요성을 언급하고, 이어서 예수님이 누구신지 성경을 근거로 풀어놓았다.

예수님은 그리스도이시다.

'예수 그리스도.'

그렇다. 예수 그리스도를 믿어야 한다. 그리스도가 가지고 있는 의미를 알고 믿을 때 성령으로 거듭난다.

이 책은 교회에 처음 발을 딛는 분들에게 최고의 전도서가 될 수 있다.

평소에 자주 얼굴을 뵙는 이웃들, 그러나 예수님을 소개하기가 쉽지 않은 이웃들에게 선물로 드리고 일독을 권할 때에 성령으로 거듭나는 기적이 일어날 것이다.

만날 때마다 구원을 선물하고 싶은 친척들에게도 최고의 선물이 될 것이다. 말로 하기에는 뭔가 어색하고 접근하기 쉽지 않은 친척들에게 일독을 권할 때 성령님의 강권적인 역사로 거듭남의 축복이 주어질 것이다.

예수님의 재림을 기대하며!

2018년 12월 2일
삼동 김호성 목사

차 례

Ⅰ. 십자가의 도(예수님)를 믿어야 하는 이유

"십자가의 도가 멸망하는 자들에게는 미련한 것이요 구원을 받는 우리에게는 하나님의 능력이라"(고전 1:18)

1. 부활을 준비해야(고전 15:12-13)

"¹² 그리스도께서 죽은 자 가운데서 다시 살아나셨다 전파되었거늘 너희 중에서 어떤 사람들은 어찌하여 죽은 자 가운데서 부활이 없다 하느냐 ¹³ 만일 죽은 자의 부활이 없으면 그리스도도 다시 살아나지 못하셨으리라"(고전 15:12-13)

2. 시인하고 믿으면(롬 10:9-10)

"⁹ 네가 만일 네 입으로 예수를 주로 시인하며 또 하나님께서 그를 죽은 자 가운데서 살리신 것을 네 마음에 믿으면 구원을 받으리라 ¹⁰ 사람이 마음으로 믿어 의에 이르고 입으로 시인하여 구원에 이르느니라"(롬 10:9-10)

1
부활을 준비해야 (고전 15:12-13)

　미래를 준비하는 '준비성'은 모든 생명체에게 주신 하나님의 선물이다. 정도의 차이가 있어서 그렇지, 모든 생명체는 미래를 준비한다. 심지어 개미가 미래를 준비하는 모습을 보면 사람이 본받아야 할 정도다.

　하나님은 미래를 준비하는 '준비성'이 제대로 갖춰지지 않은 사람들에게 개미에게 가서 배우라고 말씀하신다(잠 6:6). 모든 동식물은 미래를 준비하는 탁월한 능력을 발휘한다. 믿음 없는 성도들의 신앙생활을 방해하는 '가을 단풍'도 알고 보면 나무들이 겨울을 나기 위하여 준비하는 과정이다. 주일을 지키지 않고 단풍놀이 가는 사람들은 단풍이 하는 경고를 귀담아 들어야 한다. 단풍이 뭐라고 경고할까? 다른 날 오라고 경고할 것이다. 자꾸 주일날 단풍놀이 오면, 단풍도 준비할 줄 아는 겨울 준비를, 하나님의 형상과 모양을 가진 사람이 제대로 못한다는 단풍의 가르침을 제대로 알아들어야 할 것이다.

실제로 인생의 미래에 대하여 전혀 준비하지 않고 사는 사람들이 적지 않다. 젊고 힘이 있을 때 인생의 미래를 준비해야 하는데 시간과 물질을 허비한다. 젊은이들은 결혼을 할 때 이 점을 잘 파악해야 한다. 배우자 될 사람이 인생의 미래에 대한 준비관념이 부족할 경우, 그 결혼은 상당한 문제를 가지게 된다. 결혼은 반품하기도 쉽지 않다. 인생의 미래를 지혜롭게 준비하는지 준비하지 않는지는 얼굴에 쓰여 있지 않다. 좋은 체격에도 쓰여 있지 않고 아름다운 몸매에도 쓰여 있지 않다. 만일 남편과 아내 두 사람이 모두 미래에 대한 준비성이 없다면 그 가정은 지속될 수 없다. 특히 경제적으로 미래를 잘 준비할 줄 알아야 한다. 일을 함으로 돈을 벌 줄 알아야 한다. 그 돈을 저축할 줄 알아야 한다. 그리고 하나님의 뜻대로 잘 사용할 줄 알아야 한다.

보험을 잘 활용하는 것도 인생의 미래를 지혜롭게 준비하는 것이다.

세상에는 여러 가지 보험제도가 있다. 우리나라에는 국가에서 국민의 노후를 책임지려고 '국민연금제도'를 만들었다. 대부분의 국민들이 노후를 국민연금에 의지한다. 하지만 지금은 국민연금에 대한 불안한 요소들이 생겨나고 있어서 걱정거리가 되고 있다. 그래도 우리나라의 국민연금은 상당히 양호한 편이다. 국가적으로 이런 제도를 만드는 것은 국민들의 미래를 나름 책임지려는 노력의 일환이다. 세계적으로 우리나라의 자랑거리는 의료보험이다. 세계에서 가장 잘 된 의료보험 중 하나를 우리나라가 가지고 있다. 고칠 점도 많이 있지만, 다른 나라에 비해서 상당히 좋은 제도임에 틀림이 없다.

많은 사람들은 이런 연금이나 보험 외에 다른 보험도 든다. 보험의 종류도 셀 수 없이 많다. 생명보험부터 노후보험, 몸 부위별로 드는 보험 등등 많이 있다. 보험을 드는 모든 행동은 미래를 준비하고 예비하는 것이다. 일할 수 없는 때가 오면 일하지 않고도 젊었을 때 미리 준비해둔 보험의 혜택을 받으려는 것이다. 이 모든 것이 미래를 준비하는 지혜로운 행동들이라고 할 수 있다.

이런 준비를 하지 않고 되는대로 사는 사람들은 그 나름 대가를 치러야 한다. 심은 대로 거두게 되기 때문이다. 아무런 대책도 없이 평생을 되는대로 산 사람들을 위하여 국가가 나름 최선을 다하지만 그게 쉽지가 않다.

●●한국도로공사의 수고

우리나라 국가기관 중에서 미래를 잘 준비하는 곳은 어디일까를 생각해 봤다. 국가기관이 존재하는 것은 국민의 편의와 안전과 생명을 보호하기 위함이라 할 수 있다. 나름 모든 기관들이 수고를 하지만, 요즘 눈에 확 띄는 기관이 있다.

바로 '한국도로공사'다.

한국도로공사는 우리나라에 있는 도로를 관장하는 기관이다. 특히

고속도로는 국민에게 많은 편의와 편리함을 준다. 경부고속도로가 건설 될 때의 많은 이야기들이 있다. 나라와 국민의 미래를 위하여 고속도로의 필요성을 인식하고 건설할 때, 수많은 사람들이 반대를 했다 한다. 특히 정치하는 사람들 중에 극렬하게 반대를 했던 이들이 있다. 원래 계획은 더 넓게 도로를 만들려고 했는데, 반대가 너무 심해서, 길바닥에 누워서 일을 못하게 함으로 축소를 했다고 한다. 만일 그 때 경부고속도로가 건설되지 않았다면 어떻게 되었을까? 우리나라는 지금처럼 경제적으로 풍요를 누리지 못했을 것이다.

한국도로공사는 한국에 있는 중요 도로를 관리하는 책임을 맡고 있다. 요즘 고속도로에 들어가 보면 도로공사에서 설치한 현수막이 많이 붙어 있다. 여러 가지 주제들에 대하여 집중적으로 현수막을 만들어 걸어놓고 있는데, 무슨 내용인지 금방 생각이 날 것이다. 대표적인 주제가 '안전띠 착용'과 '졸음운전방지'에 대한 것들이다.

사고가 났을 때 치명적이기 때문에 사고방지를 위하여 집중적으로 캠페인을 벌이고 있다.

안전띠에 대한 캠페인 표어는 다음과 같은 것들이 있다.

구분	감성문구
안전띠	봄! 꽃보다 안전띠!
	안전띠 매고 백세인생 출발
	즐거운 여행! 안전띠=생명띠
	말하지 않아도~ 전좌석 안전띠!
	아빠! 오늘도 제발 안전띠!
	안전띠 돈 안 드는 보험!
	이 현수막이 보이시나요? 그럼, 안전벨트 매세요!
	나는 참 편안합니다. 안전띠를 맸습니다
	안전띠 착용하는 여러분이 아름답습니다
	봄바람은 차안으로~♬졸음은 창밖으로~♬

도로공사가 고속도로를 이용하는 국민의 미래를 행복하게 하려는 노력이 돋보인다.

졸음운전방지에 대한 내용도 잠을 확 깨게 만든다.

아마도 도로공사가 이 부분에 대하여 집중하고 있는 것 같다. 고속도로를 가다 보면 졸음운전방지에 대한 현수막이 가장 눈에 잘 띤다. 왜 그렇게 도로공사가 졸음운전 방지에 대하여 강조하는가? 졸음운전의 파괴력 때문이다. 운전 중 졸다가 사고가 나면 그 정도가 심각해진다. 운전자와 관련자들의 미래가 끝나는 것이다. 이런 것을 알기에 국민들의 미래를 지켜주고 싶어 하는 것이다.

우리의 미래를 잘 예비하기 위해서는 고속도로에서 안전운전을 해야한다. 일 년에 고속도로 사고로 생명을 잃고 치명적인 부상을 당하는 사람들이 엄청나게 많다.

졸면서 운전하게 되면 나만 해를 입는 것이 아니라 다른 사람들에게도 치명적인 해를 입히게 된다. 그렇게 사고 나서 문제가 생기면 당사자들의 미래가 다 망가진다.

고속도로에는 졸음운전 방지를 위하여 다음과 같은 현수막이 많이 붙어 있다.

졸음	졸리시면 잠깨고 가실께요!
	깜빡 졸음! 번쩍 저승!
	아빠! 졸리면 졸음쉼터래요!
	봄은 꽃으로부터~ 사고는 졸음으로부터~
	천하장사도 당신의 눈꺼풀을 들 수 없습니다 -졸음쉼터 올림-
	졸면 뭐하나? 한숨자고 가게나...
	피곤할 땐 졸음쉼터! 쉬어가는 행복쉼터!
	졸음운전! 영원히 깨지 않을 수도 있습니다
	쉬어가는 쉼표하나, 즐거운 여행길의 첫걸음
	졸음운전은 가장 잔인한 보복운전!

이와 같이 이 세상에서 미래를 준비하는 것은 매우 중요하다. 대부분의 사람들이 나름 열심히 미래를 준비하며 살아가고 있다.

● ●왕 노릇 하는 사망

준비성이 철저한 사람들은 심지어 죽음 준비도 잘 한다. 어떻게 준비하나 봤더니 죽으면 들어갈 관과 입을 수의와 누울 무덤자리까지 준비한다. 적지 않은 사람들이 이 세 가지 준비하면서 죽음 준비를 다 했다고 생각한다.

나름 일리가 있다. 실제로 이런 것 준비해 놓지 않으면 문제가 될 수도 있다.

그래서 관도 비싼 오동나무 관으로 준비한다. 오동나무가 가볍고 땅속에서 잘 썩어 그런지 많은 사람들이 선호한다. 특히 죽은 후에 입는 수의는 한산 모시 같은 것으로 만든 비싼 것을 선호한다. 대충 싼 모시로 해도 될 텐데 비싼 것으로 준비한다.

그러나 죽음을 준비하는데, 가장 정성을 쏟는 부분은 무덤이다. 돈 좀 있는 사람들은 풍수지리를 총 동원하여 명당자리를 마련한다.

어느 지역에 명당자리가 하나 있다. 그 자리는 정말 풍경이 수려하다. 앞에는 넓은 시내가 흐르고 앞이 탁 트여 있으며, 명당의 조건이 뭔지는 잘 몰라도 그 자리의 모양이 명당자리처럼 생겼다. 하지만 전해 내려오는 전설이 있어서 아무도 묘를 쓰지는 않는다. 거기다 묘를 쓰면 그 사람은 잘되지만 그 동네 전체에 문제가 생긴다는 이야기가 전해져 내려온다. 누군가가 이야기도 잘 만들어 놓은 것 같다. 그러니까 누군가가 거기다 묘를 쓰면 몰매를 맞게 되고 그 동네에서 살 수 없게 되어있다.

지금도 우리나라의 산하는 무덤으로 몸살을 앓고 있다. 좋은 자리에 묘를 쓰면 자신도 좋은 곳으로 가고 자식들도 잘된다는 엉터리 소문을 믿기 때문이다. 그러면 요즘은 화장이 대세인데, 화장하는 사람들은 어떻게 되는 것인가? 모두 미신이다.

사실 지금은 그런 허접한 죽음 준비를 할 때가 아니다. 죽음 준비를 하려면 제대로 해야 한다. 죽음 준비를 제대로 하는 방법은, 사실 죽음 준비를 하는 것이 아니다. **죽음 준비를 제대로 하는 비결은 부활 준비를 잘하는 것이다.** 부활 준비를 바르게 할 때 죽음 준비를 잘하는 것이 된다. 이것을 아는 것이 인생의 최고의 지혜다.

너무나 안타까운 사실은 부활 준비를 하는 사람들이 많지 않다는 것이다. 기껏해야 관과 수의와 무덤 준비를 통하여 죽음 준비를 다 했다고 마음 놓고 살아가는 사람들이 대부분이다. 그렇게 하면 큰 일 난다. 이 땅에 사람으로 태어나면 반드시 부활하게 되어 있다. 누구든지 예외가 없다.

고린도전서 15장 12-13절을 보자.

"[12] 그리스도께서 죽은 자 가운데서 다시 살아나셨다 전파되었거늘 너희 중에서 어떤 사람들은 어찌하여 죽은 자 가운데서 부활이 없다 하느냐 [13] 만일 죽은 자의 부활이 없으면 그리스도도 다시 살아나지 못하셨으리라"

많은 사람들이 부활을 믿지 않는 이유는 부활이 뭔지도 모르고 또 그 사전적 개념을 안다고 해도 그 부활을 믿지 않기 때문이다. 부활을 믿지 않기에 부활을 준비하지 않는다.

그러나 잊지 말아야 할 진리가 있다. 자신이 부활을 믿지 않는다고 부활이 없는 것이 아님을 말이다. **이 세상을 하나님이 창조하신 것도 마찬가지다.** 하나님이 이 세상을 창조하셨다는 것을 믿는 것과 믿지 않는다는 것은 개인의 자유다. 하지만 하나님이 창조하셨다는 사실을 자신이 믿지 않는다고 해서 사실이 바뀌지는 않는다. 믿든지 믿지 않든지 이 세상을 창조하신 분은 하나님이시다. 하나님이 창조자라는 사실은 변하지 않는다.

마찬가지로 누구나 다 부활한다.

내가 부활을 믿든지 믿지 않든지 인생은 다 부활한다. 내가 부활을 준비하든지 준비하지 않든지 모든 사람이 부활한다. 부활에는 두 종류가 있다. 하나는 생명의 부활이고, 또 하나는 심판의 부활이다. 요한복음 5장 29절에, "선한 일을 행한 자는 생명의 부활로, 악한 일을 행한 자는 심판의 부활로 나오리라"고 말씀한다. 생명의 부활을 하는 사람은 영원한 생명을 천국에서 누린다는 말이다. 심판의 부활을 하는 사람은 영원한 생명을 지옥에서 보낸다는 말이다.

따라서 이 땅에 살고 있는 모든 사람들은 어떤 부활에 참여할 것인가를 생각해야 한다. 어떤 일이 있어도 심판의 부활에 참여해서는 안 된다. 반드시 생명의 부활에 참여해야 한다. 생명의 부활에 참여하도록 준비하는 것이 인생의 진정한 지혜다. 부활을 준비하는 삶을 살아야 할 이유가 여기에 있다. 생명의 부활을 준비하지 않으면 큰 일 난다.

그러면 어떻게 할 때 심판의 부활이 아니라 생명의 부활을 준비 할 것인가? 그것은 생명의 부활을 하신 예수님을 믿는 것이다. 예수님은 유일한 부활 전문가이시다. 우리를 부활시키는 분이시다. 왜 예수님이 부활 전문가가 되시는가?

부활은 죽음을 전제한다. 죽음이 없으면 부활도 없다. 예수님은 유일한 부활 전문가로서 죽음의 문제를 해결하신 분이다.

죽음, 즉 사망은 오랜 기간 동안 인류의 왕 노릇을 해 왔다. 모든 인류가 죽음 앞에 무릎을 꿇었다는 말이다. 그 누구도 죽음을 피해가지 못했다. 반드시 죽었다.

그런데 안타까운 사실이 있다. 이 죽음에 대하여 사람들이 속고 있다. 그것은 '사람이 죽으면 모든 것이 끝'이라는 거짓말에 속고 있다는 사실이다. 아니다. 죽으면 절대 끝나는 것이 아니다. 죽음 다음에도 우리의 삶이 이어진다. 바로 부활이다. 생명의 부활로 이어질 수도 있고 심판의 부활로 이어질 수도 있다. 죽음이 끝이라는 거짓말 때문에 수많은 사람들이 잘못된 선택을 하고 있다. 하지만 잘못된 선택을 한 사람들은 부활 후에 모두 땅을 치고 통곡할 것이다. 왜냐하면 죽으면 끝이 아니기 때문이다. 죽음 후의 부활 즉 생명의 부활이냐 심판의 부활이냐가 남아 있기 때문이다. 죽음이 끝이라는 거짓말에 속아서 스스로 목숨을 끊으면 심판의 부활에 동참한다. 뿐만 아니라 이 세상에서 아무렇게나 살아간다면 훗날 책임져야 한다.

지금 이 거짓말이 온 세상에 편만하게 퍼져 있다. 그래서 책임감 없이 살고 또 살다가 자기 뜻대로 되지 않으면 끔찍한 행동을 한다.

신약성경 로마서 5장 14절에, "그러나 아담으로부터 모세까지 아담의 범죄와 같은 죄를 짓지 아니한 자들까지도 사망이 왕 노릇 하였나니 아담은 오실 자의 모형이라"고 말씀한다.

또 로마서 5장 17절에도, "한 사람의 범죄로 말미암아 사망이 그 한 사람을 통하여 왕 노릇 하였은즉 더욱 은혜와 의의 선물을 넘치게 받는 자들은 한 분 예수 그리스도를 통하여 생명 안에서 왕 노릇 하리로다"고 말씀한다.

이 말씀은 '죽으면 끝'이라는 거짓말이 횡행하게 된 이유를 보여주는 내용이다. 사람들이 죄를 지으면서 막 살고 살다가 안 되면 끔찍한 행동을 하는 이유는 바로 사망이 왕 노릇하기 때문이라고 말씀한다. 따라서 이 잘못된 상황을 바로 잡아야 한다. 즉 우리의 왕좌에 앉아 있는 사망을 끌어내려야 한다. 왕 노릇 그만하게 만들어야 한다. 어떻게 할 때 끌어 내릴 수 있는가? 도대체 이 죽음이, 사망이 언제까지 인류의 왕 노릇을 할 것인가?

원리는 간단하다. 누군가가 사망과 싸워서 이기면 된다. 어떻게 이기면 되는가? 사망이 공격하면 누구든지 죽는다. 그러나 그 죽음에서 다시 살아나면 사망의 왕 노릇이 멈추게 된다.

그렇다. 만약 누군가가 죽었다가 부활한다면 사망은 더 이상 인류의 왕 노릇을 할 수 없게 된다. 사람들이 죽었다가 계속 죽은 상태로 놓여 있다면 사망은 여전히 인류의 왕 노릇을 하는 것이다. 그런데 놀라운 일이 일어났다. 누군가가 죽었다가 삼일 만에 부활을 하셨기 때문이다. 누가 죽었다가 사망과 싸워 이기시고 부활을 하셨는가? 바로 예수님이시다.

●●성공적인 부활 준비

이 세상에 오신 예수님은 먼저 자신이 죽음에서 부활하여 사망권세를 사망에 쳐 넣을 때까지 죽음과 계속 싸우셨다. 또 사망에 이르게 하는 수많은 질병도 고쳐 주셨다. 중풍병을 고치셨다. 눈이 보이지 않는 질병을 고치셨다. 말을 하지 못하고 듣지 못하는 질병도 고치셨다. 귀신 들린 많은 사람들을 고쳐주셨는데, 이 목적은 모두 사망과 싸우신 것이다. 마지막으로 예수님은 죽음과, 사망과 정면대결을 벌이셨다.

예수님은 사망과 싸워 신원이 확인되는 3명을 살려내셨다.

마가복음 5장에서는 회당장 야이로의 열두 살 된 딸을 죽음에서 살려내셨다.

회당장 야이로라는 사람이 예수님을 찾아왔다. 그는 죽어가는 딸을 살려달라고 예수님께 말씀드렸고 예수님이 그의 집으로 가셨다. 가시는 도중에 그 딸은 죽고 만다. 그 집에 도착한 예수님은 그 딸이 죽은 것이 아니라 잔다고 말씀하셨고, 그 말을 들은 사람들은 그 딸이 죽은 줄 알았기에 비웃었다. 예수님은 방으로 들어가서서 죽어 누워 있는 아이에게 '일어나라'(달리다굼)고 명령하시자 그 여자 아이가 살아났다. 왕 노릇 하는 사망을 예수님이 오히려 결박하신 것이다. 사망 권세 아래 있던 야이로의 딸을 풀어주신 것이다.

또 누가복음 7장에서도 예수님께서 죽음을 이기신 모습이 기록되어 있다.

나인이란 성에 한 과부가 살았는데, 독자인 청년 아들과 함께 살고 있었다. 그런데 이 청년이 죽은 것이다. 죽은 청년을 장사 지내려고 가는 도중에 일행들은 예수님을 만났다. 예수님은 그 상황을 안타깝게 보시고 그 어머니에게 울지 말라 하시고 장례 행렬을 멈추게 하신 후에 죽은 청년에게 일어나라고 명령하시자 죽은 청년이 살아났다. 사망권세로 인하여 좌절과 절망 속에 빠졌던 한 가정을 살려내신 것이다.

마지막 세 번째는 요한복음 11장에 나오는 죽은 나사로를 살려내신 사건이다.

　나사로를 살려내신 것은 더 특별하다. 나사로가 병에 걸려 죽어갈 때 여동생인 마르다와 마리아는 예수님께 사람을 보냈다. 빨리 오셔서 오빠를 고쳐달라고 예수님께 부탁드린 것이다. 하지만 예수님은 일부러 즉시 가지 않으셨다. 그 사이에 나사로는 죽었고 무덤에 장사까지 지냈다. 이스라엘의 무덤은 우리의 무덤과는 다르다. 대부분 굴로 되어 있다. 예수님은 나사로가 죽었다는 소식을 들은 후에야 발걸음을 옮기셔서 나사로의 무덤으로 가셨다. 그러니까 죽은 지 4일째 되는 날이었다. 무덤 앞에 서신 예수님은 나사로를 무덤에서 나오라고 부르셨다. 사망에게 나사로를 내놓으라고 명령하신 것이다. 그랬더니 수의를 입은 그대로, 나사로가 죽음에서 살아나서 밖으로 나왔던 것이다.

　이 세상에 예수님 이외에 그 누구도 죽은 자를 살려낸 사람은 없었다. 오직 예수님만이 죽은 자들을 살려내셨다.

　예수님이 살려내신 세 사람의 죽음의 형태를 보라. 회당장 야이로의 딸은 죽은 지 얼마 되지 않는 상황에서 침대에 누워 있는 상태였다. 나인 성 과부의 아들은 이제 막 장사를 지내려고 무덤으로 가는 노중에 있었다. 마지막 나사로의 경우는 아예 장사를 지내서 무덤 속에 있는 상태에 있었다.

　그러나 그 어떤 죽음도 예수님이 일어나라고 하면 일어나야 한다. 그 어떤 죽음도 예수님이 살아나라고 하면 살아나야 한다. 왜냐하면 예수님은 죽음을 이기시는 분이기 때문이다. 신원이 밝혀진 세 명을 죽음으로부터 살려내심으로 예수님은 자신이 죽음을 이길 수 있는 분이심을 보여주신 것이다.

거기서 멈춘 것이 아니다.

예수님은 아예 죽음의 뿌리를 뽑기로 결정하셨다. 사망을 사망시키기로 하신 것이다. 예수님이 이 땅에 오신 목적이 바로 그것이다. 선행 몇 가지 하고 몇몇 사람 눈물 닦아주시려고 오신 것이 아니다. 이것을 오늘 교회와 성도들이 명심해야 한다. 이것을 망각하는 교회와 성도들은 세월을 허비하는 것이다. 교회와 성도들의 할 일이 무엇인지를 분명히 알아야 한다.

예수님이 돌아다니시면서 여러 가지 질병을 고치시고 몇몇 사람들의 죽음을 해결하신 것은 구속주의 사명의 예고편에 불과한 것이다.

예수님이 최종적으로 행하셔야 할 일은 죽음이 지배하고 있는 곳으로 들어가서 아예 죽음을 죽이는 것이다. 사망이 살고 있는 사망의 굴로 들어가서서 사망을 사망시키는 것이다. 그것을 위하여 예수님이 이 땅에 오신 것이다.

그 일을 하시기 위하여 예수님이 어떻게 죽음 속으로, 사망 속으로 들어가셨는가?

바로 십자가의 죽음을 통하여 들어가셨다. 예수님은 십자가에서 죽으심으로 죽음 안으로, 사망 안으로 들어가신 것이다. 호랑이를 잡으려면 호랑이 굴로 들어가야 한다. 그런데 어떤 사람이 호랑이를 잡겠다고 호랑이 굴로 들어갔는데, 그 사람은 나오지 않고 호랑이가 나왔다면 어떻게 된 것인가? 그 사람이 호랑이의 밥이 된 것이다.

그러면 예수님은 어떻게 되었는가? 사망을 잡으려고 사망의 굴로 들어가셨는데, 사망의 굴에서 누가 살아서 나오셨는가? 그렇다. 사망은 나오지 못했다. 예수님만이 살아서 나오셨다. 예수님이 사망과 사망권세를 죽이시고, 사망을 이기시고 부활하신 것이다. 할렐루야!

예수님의 부활은 능력 있는 부활, 엄청난 효력과 권능을 지닌 부활이다. 왜냐하면 예수님이 사망을 사망시키시려고 십자가에서 죽으시고 삼일 만에 사망권세를 이기시고 부활하신 것을 믿는 사람에게 생명의 부활을 선물로 주시기 때문이다. 십자가에서 죽었다고 삼일 만에 부활하신 예수님을 믿는 사람에게 주시는 최고의 영광이요 축복이다.

이것이야말로 세상에서 가장 기쁜 소식이다.

예수님이 죽음을 이기고 부활하심으로 승리하셨다는 것이 이 세상 최고의 복음이다. 왜냐하면 그 사실을 믿을 때 생명의 부활을 준비하는 것이 되기 때문이다. 영생의 부활에 동참하기 때문이다. 이런 이유로 지금도 이 기쁜 소식이 온 세상으로 힘 있게 전파되고 있는 것이다. 이것이 우리가 이 엄청난 기쁨의 소식을 혼자만 가지고 있을 수 없는 이유다. 이 좋은 소식을 전하여 사람들이 믿게 될 때 사망권세로부터 벗어나 영원한 부활생명을 소유하기 때문이다.

그런데 예수님께 처절하게 패한 사망의 패잔병들이 지금도 이 복음전파를 방해하고 있다. 어떻게 방해를 하는가? 고린도전서 15장 12-13절을 읽어보자.

"¹² 그리스도께서 죽은 자 가운데서 다시 살아나셨다 전파되었거늘 너희 중에서 어떤 사람들은 어찌하여 죽은 자 가운데서 부활이 없다 하느냐 ¹³ 만일 죽은 자의 부활이 없으면 그리스도도 다시 살아나지 못하셨으리라"

죽은 자는 부활하지 못한다고 여전히 거짓 주장을 하면서 방해하고 있다. 예수님의 부활이 사실이 아니라고 주장하면서 방해하고 있다. 만약 이 거짓말을 믿고 예수님의 십자가 죽음과 부활을 믿지 않는다면 그 누구도 생명의 부활에 동참하지 못한다. 생명의 부활이 아니라 안타깝게도 심판의 부활에 참여하게 된다.

만약에 사탄의 거짓말대로 예수님이 사망 가운데서 부활하지 못하셨으면 어떻게 되는가?

고린도전서 15장 16-17절이다.

"¹⁶ 만일 죽은 자가 다시 살아나는 일이 없으면 그리스도도 다시

살아나신 일이 없었을 터이요 [17] 그리스도께서 다시 살아나신 일이

없으면 너희의 믿음도 헛되고 너희가 여전히 죄 가운데 있을 것이요"

예수님이 부활하지 못했으면 부활을 믿는 사람들의 믿음도 헛것이 된

다고 말씀한다. 당연한 말씀이다. 예수님을 믿는 것이 아무런 의미가

없게 된다. 뿐만 아니라 우리의 죄와 죽음의 문제가 전혀 해결이 되지 않

으므로 생명의 부활이 아니라 심판의 부활에 참여하게 된다.

고린도전서 15장 19절을 보라.

"만일 그리스도 안에서 우리가 바라는 것이 다만 이 세상의 삶뿐

이면 모든 사람 가운데 우리가 더욱 불쌍한 자이리라"

만약 부활이 없다면, 부활을 믿는 사람들에게 임하는 생명의 부활이

없다면 부활이 있다고 그 부활을 열심히 전한 예수님을 믿는 성도들의

삶이 가장 불쌍하다는 말이다. 뿐만 아니라 예수님의 부활이 없다면 예

수님의 부활을 전하는 사람들은 모두 사기꾼이 되는 것이다.

●●나오며

이 땅에 살고 있는 모든 사람들은 부활을 준비해야 한다. 생명의 부활이냐 심판의 부활이냐를 준비해야 한다. 심판의 부활은 딱히 준비할 것이 없다. 그냥 아무것도 하지 않으면 심판의 부활은 준비된다. 그러나 심판의 부활에 동참하면 멸망하는 것이다. 이 땅에 살고 있는 모든 사람들은 생명의 부활, 영생의 부활을 준비해야 한다.

그 방법을 이 세상의 유일한 부활 전문가이신 예수님이 만들어 놓으셨다.

예수님이 친히 이 땅에 오셔서 생명의 부활, 영생의 부활의 방해물인 사망을 정복하심으로 만들어 놓으셨다. 예수님은 십자가 죽음을 통하여 죽음 속으로 들어가셔서 삼일 만에 부활하심으로 죽음의 권세를 죽이셨다. 사망권세에 눌려서 죽을 수밖에 없는 우리를 대신하여 죽으시고 우리를 대신하여 부활하심으로 사망을 사망시키셨다.

그러므로 유일한 부활 전문가이신 예수님의 죽음과 부활을 믿는 사람들에게 영생의 부활을 선물로 주신다. 부활의 준비를 제대로 하게 하신다.

하나님이 우리를 창조하신 목적이 있다. 그것은 우리로 하여금 하나님이 가지고 계신 모든 부요와 영광을 누리게 하려 함이다. 우리를 이용해 먹으려고 창조하신 것이 아니다. 우리가 우리 자녀들에게 모든 것을 아낌없이 주듯, 하나님은 하나님의 모든 것을 자녀인 우리에게 아낌없이 주신다. 하나님의 풍성한 영광과 부요를 우리에게 영원히 주신다.

누구에게 주시는가? 부활의 예수님을 믿고 부활 준비를 바르게 하는 사람들에게 주신다.

〈토의 문제〉

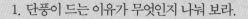

1. 단풍이 드는 이유가 무엇인지 나눠 보라.

2. 한국도로공사의 '캠페인'에 대하여 어떤 생각이 드는지 나눠 보라.

3. 죽음 준비의 불가능함과 부활 준비의 가능함에 대하여 나눠 보라.

4. 예수님이 부활시킨 사람들에 대하여 나눠 보라.

5. 예수님이 어떻게 사망을 사망시켰는지에 대하여 나눠 보라.

2
시인하고 믿으면 (롬 10:9-10)

새 나라가 오고 있다.

어떤 나라일까? 남한과 북한이 사이가 좋아져서 평화통일의 새 나라
가 오고 있는 것일까? 그것도 의미가 있다. 우리 생전에 그런 날이 도래
했으면 좋겠다. 민주적이고 자주적이고 평화적인 통일의 날을 고대하고
기도한다. 삼천리금수강산에 하나님의 위대한 통치가 시작되는 그런 통
일한국을 꿈꿔 본다. 언제 어디서나 하나님을 찬양하고 예배할 수 있는
그런 나라 말이다. 그래서 남한에 있는 교회 수보다 더 많은 교회가 북
한에 세워졌으면 좋겠다.

하지만 우리 성도들이 꿈꾸는 궁극적인 나라는 이 세상에서 세워지는
나라가 아니다.

우리가 꿈꾸는 새 나라는 하나님의 나라다. 2백 개가 넘는 나라들이

지구촌에 모여 도토리 키 재기 하는 그런 나라들이 아니다.

우리가 꿈꾸는 나라는 우주적인 하나님의 나라다.

그 나라의 크기와 영광은 말로 설명할 수 없다.

하나님의 나라의 통치자가 누구인가? 세상의 통치자는 계속해서 바뀐다. 우리나라도 5년이면 통치자가 바뀐다. 아무리 길게 가도 몇 십 년이다. 대를 이어서 통치하는 나라들도 간혹 있으나 역시 얼마가지 못한다.

그러나 하나님의 나라의 통치자는 그렇지 않다.

영원히 하나님의 나라를 다스리실 것이다. 그 분이 누구신가? 바로 예수님이시다.

예수님만이 하나님 나라의 영원한 왕이시다.

예수님만이 영원히 하나님의 나라를 다스리실 것이다.

그렇다면 그 나라의 백성은 누구인가?

바로 영원한 하나님의 나라의 왕이신 예수님을 믿는 성도들이다. 하나님의 아들 예수님을 믿을 때 그 나라의 백성이 된다. 하나님은 그 나라의 백성을 하나님의 상속자로 세우신다. 사람이 태어나서 얻을 수 있는 최고의 영광에 동참하게 하신다. 따라서 이 땅에 살아가는 모든 분들은 이 영원한 나라에 반드시 관심을 가져야 한다. 왜냐하면 이 나라에 들어가느냐 들어가지 못하느냐가 인생의 성공과 영원을 결정하기 때문이다.

어떤 분들은 이 나라에 대하여 이야기를 하면 펄펄 뛴다. 좋아서 펄펄 뛰는 것이 아니라 말도 안 된다고 펄펄 뛴다. 분명히 말씀드릴 수 있다. 그런 분들은 계속 펄펄 뛸 것이다. 예수님이 이 땅에 재림해 오시는 날, 거룩하고 위대한 하나님의 나라가 세워지는 날에 후회하면서 펄펄 뛸 것이다. 다른 측면에서 펄펄 뛰기를 바란다. 예수님의 재림과 함께 펼쳐지는 영원하고 거룩하고 광대한 하나님 나라의 도래를 보면서 기뻐서 어쩔 줄 몰라 펄펄 뛰는 분들이 되시기를 바란다.

사실 예수님을 믿고 신앙생활을 하면 이 땅에서도 기뻐서 펄펄 뛴다. 전능하신 하나님의 자녀가 되었다는 사실이 너무 좋아서 펄펄 뛰게 된다.

●●새 나라가 오고 있다.

신구약 성경의 내용은 바로 이 하나님의 나라를 세우는 것이다. 그 나라는 예수님의 나라다. 거룩하고 웅대하고 광대한 하나님의 나라는 주먹구구식으로 세워지지 않는다. 세상의 유명한 건축물들, 아파트나 좋은 주택 등은 모두 설계도를 가지고 있다.

하나님의 나라도 설계도를 가지고 있다.

성경 맨 처음에 나오는 책이 창세기다. 이 창세기 1장과 2장이 영원한 하나님 나라의 설계도다. 창세기 1장과 2장에는 하나님께서 천지창조 하시는 이야기가 나온다. 이 이야기들이 영원한 하나님 나라의 설계도 다.

창세기 1장과 2장에 나오는 이야기를 첫 번째 창조라고 부른다. 이 첫 창조는 하나님의 영원한 나라의 설계도 역할을 한다. 하나님은 이 첫 번째 창조를 기반으로 하여 영원한 나라를 건설하신다.

세상에 세워지는 나라들은 나름 질서도 있지만 대부분 혼돈 그 자체 다. 온 세상에 갈등이 넘친다. 해결할 수 있는 수많은 방법들이 난무하 지만 인류 역사에서 인간의 무기력함만이 계속 증명되고 있을 뿐이다. 사람들은 정권이 바뀔 때마다 뭔가 좀 나아지리라 생각한다. 물론 나아 지는 부분도 좀 있다. 하지만 전혀 생각하지도 못했던 상황들이 발생한 다. 이쪽이 좀 됐다 싶으면 다른 쪽에 문제가 생긴다.

세상 나라는 혼돈으로 가득 차 있다. 북한의 핵문제만 해도 그렇다. 그것은 그리 간단한 문제가 아니다. 간단하게 접근하는 것 자체가 난센 스다. 너무 쉽게 생각하는 사람들이 많다. 그렇다고 두 손, 주머니에 넣 고 아무것도 하지 않는 것도 능사가 아니다. 답답함은 계속 된다. 이러 지도 못하고 저러지도 못하는 풀기 어려운 고차 방정식과도 같다. 어떻 게 하든지 빨리 해결되었으면 좋겠다.

인류의 역사는 수많은 정치제도를 발전시켜 왔다. 거기에 걸맞게 자본주의나 공산주의나 사회주의 등등의 구조를 함께 발전시켜 왔다.

자본주의가 좋은 것인가? 좋은 점도 있고 나쁜 점도 있다. 좋은 점은 더 좋게 만들고 나쁜 점은 고쳐나가야 하는데 그게 말처럼 쉬운 것이 아니다. 자본주의의 좋은 점은 열심히 일하는 것만큼 자기의 소유를 늘려갈 수 있다는 것이다. 열심히 일해서 돈을 모으고 여유 있게 살아갈 수 있다는 장점이 있다. 사유재산이 허용되는 것이 자본주의다. 하지만 자본주의의 폐해가 그 장점에서 기인한다. 태어나면서 금 수저니 은 수저니 하는 말이 횡행한다. 어떤 아이는 태어나자마자 억만장자다. 이게 말이 되는가? 자본주의에서는 말이 된다. 결국 빈익빈 부익부의 심화로 사회불안이 계속 된다.

여기에 반발하여 생긴 것이 공산주의다.

공산주의의 장점이 무엇인가? 사실 공산주의의 장점은 찾을 수가 없다. 굳이 찾자면 '말로만 똑같이 일해서 똑같이 살 수 있다'는 것이 장점이다. 말로만 '차별이 없는 세상'이지 실제로 공산주의를 한 나라나 하고 있는 나라를 보면 금방 알 수 있다. 전 세계적으로 공산주의 해서 성공한 나라가 하나도 없다. 말은 그럴싸한데 실제로는 그게 안 된다. 오히려 자본주의의 부패보다 한 술 더 뜬다. 함께 일해서 함께 똑같이 나눠 갖는다면 온 지구촌은 옛날에 모두 공산주의를 했을 것이다.

그렇다. 이 세상에 존재하는 그 어떤 나라도 완전한 나라가 없다. 모두 갈등이 있고 모순투성이다. 우리나라도 정권이 바뀔 때마다 국민들이 기대한다. 고위공직자를 임명하는 윤리 기준을 통과하는 사람이 많지 않다. 그런가하면 '인권'이라는 것을 내세워 '신권', 즉 하나님의 권한을 무시하는 것들이 너무 많다. 세상 정부가 대부분 그렇다. 무슨 말을 하려고 하는가? 세상 나라가 불안정하고 세상 나라가 완전하지 않다는 말이다.

인간의 힘과 노력으로 영원하고도 완전한 나라를 만드는 것은 불가능하다.

이런 무기력함을 솔직히 인정하고 겸손해야 한다. 하지만 인정하지 않는다. 최선을 다하여 좋은 나라 만들려고 힘쓰고 애쓰는 것이 필요하지만, 그것이 우리의 힘만으로는 불가능하다는 것을 겸손히 인정해야 한다. 오히려 그렇게 할 때 그래도 좋은 나라를 만들지 않을까 생각한다. 하지만 정치하는 사람들은 자신들이 할 수 있다는 교만을 버리지 않는다.

이렇게 불완전한 나라에 비하여 하나님이 세우시는 하나님의 나라는 어떤가?

하나님이 세우시는 영원한 하나님 나라는 완전한 나라다. 그 나라의 모습에 대하여 구약성경 이사야 11장 6-9절에서 이렇게 말씀한다.

"⁶ 그 때에 이리가 어린 양과 함께 살며 표범이 어린 염소와 함께 누우며 송아지와 어린 사자와 살진 짐승이 함께 있어 어린 아이에게 끌리며 ⁷ 암소와 곰이 함께 먹으며 그것들의 새끼가 함께 엎드리며 사자가 소처럼 풀을 먹을 것이며 ⁸ 젖 먹는 아이가 독사의 구멍에서 장난하며 젖 뗀 어린 아이가 독사의 굴에 손을 넣을 것이라 ⁹ 내 거룩한 산 모든 곳에서 해 됨도 없고 상함도 없을 것이니 이는 물이 바다를 덮음 같이 여호와를 아는 지식이 세상에 충만할 것임이니라"

완전하고 완벽한 나라를 실감나게 설명하고 있다. 이리가 어린 양과 함께 살며 표범이 어린 염소와 함께 누우며 송아지와 어린 사자와 살진 짐승이 함께 있어 어린 아이에게 끌리며 사는 나라다. 암소와 곰이 함께 먹는 나라다. 사자가 소처럼 풀을 먹는 나라다. 젖 먹는 아이가 독사의 구멍에서 장난하며 젖 뗀 아이가 독사의 굴에 손을 넣어도 해 됨도 상함도 없는 나라가 하나님의 나라다.

그 나라가 임하면 물이 바다를 덮음 같이 여호와를 아는 지식이 온 세상에 충만할 것임을 말씀하고 있다. 이 나라가 하나님이 세우시는 영원한 나라다. 이 나라가 지금 맹렬한 속도로 달려오고 있다. 이미 하나님의 나라가 세상 나라를 점령하기 시작했다.

● ● 누가 들어가나?

그러므로 이 땅에 살고 있는 모든 사람들은 이 나라에 반드시 들어가야 한다. 노아의 홍수에서 노아의 여덟 식구만이 노아의 방주에 들어가 구원을 받았다. 노아의 방주와 같은 하나님의 나라에 들어가야 구원을 받는다. 그렇다면 누가 하나님의 나라에 들어갈 수 있는가? 하나님의 나라에 들어가느냐 들어가지 못하느냐는 인류의 최대 관심사다. 문제는 수많은 사람들의 관심사가 이게 아니라는 데 있다. 다른 것에는 큰 관심을 가지고 사는데, 하나님의 나라에 들어가는 것에는 관심이 없다.

하나님의 나라에 들어가기 위해서는 시민권이 필요하다. 이 시민권이 있어야 하나님의 나라에 들어갈 수 있다. 없으면 하나님의 나라에 들어가지 못한다.

지금 전 세계적으로 난민 문제가 심각하다. 우리나라도 제주도에 들어온 난민 때문에 많은 어려움을 겪고 있다. 거절하기도 쉽지 않고 그렇다고 받기도 쉽지 않다. 받아줘야 하는 이유도 있고 받지 말아야 할 이유도 있다. 이 난민들이 왜 그렇게 괄시를 받는가? 간단하다. 자신의 나라를 떠나왔기 때문이다. 그래서 우리나라의 시민권이 없기 때문에 차별을 받는 것이다.

시민권에도 등급이 있는 것 같다. 동남아나 아프리카 사람들은 잘 사는 나라 시민권을 동경한다. 그들은 대한민국 시민권을 사모한다. 우리나라 시민권 하나만 있으면 원이 없겠다고 생각한다. 그런데 우리나라의 적지 않은 사람들이 대한민국을 '헬 조선'이라 부른다. 뭔가 생각해볼 점이 많다.

반면에 우리나라 사람들은 미국시민권 가진 사람을 상당히 부러워한다. 미국 시민권 하나만 있으면 원이 없겠다는 말을 하는 사람들이 많다. 미국 시민권을 가졌을 때 받는 혜택 때문일 것이다. 그러나 미국 시민권만 있다고 모든 문제가 해결되는 것도 아니다. 미국에 살면서도 불평불만인 사람들이 적지 않다.

이 세상의 그 어떤 국가의 시민권도 하나님의 나라 시민권에 비교할수 있을까? 비교할 수 없다. 사도 바울은 빌립보서 3장 20절에서 이렇게 말씀한다.

"그러나 우리의 시민권은 하늘에 있는지라 거기로부터 구원하는
자 곧 주 예수 그리스도를 기다리노니"

사도 바울은 하늘의 시민권을 언급하고 있다. 그 시민권을 주시는 분이 예수님임을 말씀한다. 대한민국 시민권이나 미국시민권은 시효가 있다. 우리가 육신을 입고 이 땅에서 살아가는 동안만 유효하다. 또 그시민권을 소유하고 있다고 해서 모든 것이 해결되는 것도 아니다.

하지만 **천국시민권은 유통기한이 없다.** 이 시민권을 얻기만 하면 영원

히 유효하다. 이 천국 시민권을 소유하면 모든 것이 해결된다. 영원한 생명이 보장 된다. 하나님 아버지의 자녀가 된다. 이 세상에 존재하는 그 어떤 것보다 소중한 것이 천국의 시민권이다.

하나님은 우리가 살고 있는 지금이 천국 시민권 발부 기간이라 말씀하신다.

고린도후서 6장 2절이다. "이르시되 내가 은혜 베풀 때에 너에게 듣고 구원의 날에 너를 도왔다 하셨으니 보라 지금은 은혜 받을 만한 때요 보라 지금은 구원의 날이로다"

놀라운 말씀이다. 여기서 말씀하고 있는, "보라 지금은 은혜 받을만한 때요 보라 지금은 구원의 날이로다"라는 말씀은 천국 시민권을 원하는 사람이 얻을 수 있다는 말이다. 노아의 방주의 문이 닫혔을 때 많은 사람들이 그 방주의 문을 열어달라고 했을 것이다. 그러나 일단 문이 닫히자 하나님이 허락하지 않으셨다. 결국 대홍수가 나서 모든 육지의 생명체가 죽었다.

예수님께서 하나님의 나라를 시작하실 때, 즉 예수님이 이 땅에 재림해 오실 때가 되면 구원의 문이 닫힌다. 그 때는 천국 시민권을 받고 싶어도 받을 수가 없다. 또 우리의 수명이 다 되어 이 세상을 떠난 뒤에도 받을 수 없다. 이 세상에 머무는 동안만이 천국시민권을 얻을 수 있다.

그러면 시민권을 받을 수 있는 방법이 무엇인가?

천국 시민권은 무슨 아파트 분양 딱지가 아니다. 또 일찍부터 줄을 선다고 되는 것도 아니다. 또 돈 주고 살 수 있는 것도 아니다. 눈치가 빠르다고 얻을 수 있는 것도 아니다. 이 천국 시민권을 소유하려면 하나님이 성경에서 말씀하신 방법대로 해야 한다.

●●천국 시민권을 어떻게 얻는가? (롬 10:9-10)

그렇다면 성경에서 말씀하고 있는 천국 시민권을 얻을 수 있는 방법이 무엇인가?

현대 세계는 돈을 주면 시민권을 받을 수 있다. 대부분의 나라에서 투자 이민을 받는데, 돈을 많이 가지고 들어오면 시민권을 주어 그 나라에서 살 수 있게 해준다.

하나님은 천국 시민권을 얻는 방법을 로마서 10장 9절로 10절에서 말씀하신다.

"⁹ 네가 만일 네 입으로 예수를 주로 시인하며 또 하나님께서 그를 죽은 자 가운데서 살리신 것을 네 마음에 믿으면 구원을 받으리라 ¹⁰ 사람이 마음으로 믿어 의에 이르고 입으로 시인하여 구원에 이르느니라"

천국 시민권을 얻는 방법이 나오는데 두 가지로 나누어 설명한다.

첫 번째는 예수님을 주님으로 인정해야 천국 시민권을 받고 천국에 들어갈 수 있다고 말씀한다. 두 번째는 하나님께서 예수님을 죽은 자 가운데서 살리신 것을 믿어야 한다고 말씀한다.

이 두 가지가 우리의 모든 것을 결정한다. 우리의 현재의 삶도 결정하고 우리의 미래의 삶과 영원한 삶도 결정한다. 이 두 가지는 서로 연결되어 있다. 사실은 하나라고 생각해도 된다. 하지만 이해하기 쉽게 풀어서 두 가지로 설명하고 있다.

이미 예수님을 믿는 사람들은 모두 이 두 가지를 인정하고 믿는다. 예수님을 믿지 않는 사람들은 이 두 가지를 인정하지 않고 믿지도 않는다. 왜냐하면 조건이 썩 좋아 보이지 않기 때문이다. 하지만 겉으로 볼 때 안 좋아 보이지, 내용을 알고 나면 세상에서 이것보다 더 좋은 것이 없다.

첫 번째 조건을 보자.

첫 번째 조건은 예수님을 주님으로 인정해야 한다는 말씀이다. 더 쉽게 표현하면 주인을 바꿔야 한다는 말이다. 이 세상에 있는 모든 사람들은 둘 중의 하나다. 하나님이 주인인 사람과 하나님 말고 다른 존재가 주인인 사람이다.

하나님이 주인인 사람은 영원한 생명을 얻고 하나님의 나라의 시민권을 얻어서 하나님 나라에 들어간다. 하나님 말고 다른 존재가 주인인 사람은 하나님 나라의 시민권을 얻지도 못하고 영원한 생명도 누리지 못한다.

왜 이런 조건이 생기게 되었나?

사실 조건이 아니라 원래의 자리로 돌아가는 것이다. 하나님은 우리를 창조하신 분이다. 따라서 우리 모든 사람들의 소유권이 하나님께 있다. 그런데 큰 사건이 일어났다. 그것은 인류의 대표인 아담과 하와가 하나님의 허락도 없이 주인을 바꿔버린 것이다. 사실 피조물인 인간이 주인을 바꾼다고 바뀌는 것도 아니다.

하나님은 여전히 만물의 창조자이시고 주인이시다. 문제는 하나님이 정해놓으신 왕권, 주인의 권한을 아담과 하와가 짓밟은 것이다. 아담과 하와가 하나님을 주인으로 모신다는 증표가 있었다. 그것은 에덴동산 중앙에 있는 선악과에 손을 대지 않는 것이다. 선악과를 먹지 않는 것이다. 선악과 자체에 신비한 기능이 있는 것이 아니라 선악과에 의미를 부여하신 하나님의 말씀에 효력이 있었다. 하나님은 아담과 하와가 선악과를 따먹지 않으면 하나님 자신을 주인으로 인정하는 것으로 정하셨다.

그런데 어느 날 아담과 하와는 사탄의 유혹에 넘어가 선악과를 따먹고 말았다. 사탄이 유혹했던 핵심도 바로 그것이었다. 선악과를 따먹으면 하나님 같이 된다고 유혹했다. 그 말은 선악과를 따먹기만 하면 창조주 여호와 하나님이 필요 없다는 말이다. 하나님은 한 분이시다. 사탄의 유혹으로 선악과를 따먹은 아담과 하와는 사탄의 말대로 하나님이 되었다. 문제는 능력도 없는 하나님, 유한하고 연약하기 이를 데 없는 자칭 하나님이 된 것이다.

그 이후로 아담의 후예인 인류는 스스로 하나님이라고 믿고 살아간다. 그 증거가 무엇인가? 수도 없이 많이 있다. 그 중에 대표적인 것이 "내 것 가지고 내 마음대로 하는데 누가 시비야?"라는 말이다. 왜 이 말이 문제가 되는가? 사실 우리 모두에게 우리 것은 없기 때문이다. 내 것은 없기 때문이다. 우리는 모든 것을 하나님께 빌려 쓰고 있다. 우리가 마시는 물과 공기, 우리가 밟고 사는 땅이 모두 하나님의 것이다. 아니 심지어 우리의 생명까지도 하나님께 빌려 쓰고 있다. 지금이라도 하나님이 우리의 생명을 거두어 가시면 그 누구도 거절할 수 없다. 하나님께 드려야 한다.

그러나 하나님은 선악과를 따먹은 인류를 용서하기를 원하셨다. 그래서 선악과 따먹은 잘못과 죄를 하나님께서 해결하시기로 작정하셨던 것이다.

그 구체적인 방법이 두 번째 조건이다.

두 번째 조건은 하나님이 예수님을 죽은 자 가운데서 살리신 것을 믿는 것이다.

왜 예수님이 죽으셨는가? 인류가 따먹은 선악과 때문이다. 선악과를 따먹은 것은 과일 하나를 단순하게 먹은 것이 아니다. 그것은 하나님이 창조주이시며 주인이시라는 표시였다. 따라서 그것을 따먹는다는 것은 하나님이 창조주가 아니며 주인도 아니라는 표시가 되었다. 성경은 이것을 죄라고 말씀한다.

또 죄를 지으면 반드시 죽는다고 말씀한다. 이 죽음은 육체의 죽음과 영혼의 죽음을 뜻한다. 오늘 우리들이 왜 육체의 죽음을 당하는가? 바로 이 죄 때문이다. 이 죄 문제를 해결하지 못하면 육체의 죽음뿐만 아니라 영혼의 죽음도 당해야 한다.

많은 이들이 육체의 죽음에 대하여 무덤덤하다. 그냥 한 번 왔으니까 한 번 간다고 단순하게 생각한다. 안 된다. 그 죽음이 끝이 아니기에 큰일 날 소리다. 누구든지 죄 문제를 해결하지 않으면 육체의 죽음과 영혼의 죽음을 당하게 된다. 하나님은 영혼의 죽음을 '지옥에 가는 것'으로 말씀하신다. 따라서 모든 인류는 죄 문제를 해결해야 한다. 해결하면 영원한 생명을 다시 얻게 되지만 죄 문제를 해결하지 못하면 영원한 형벌을 받게 된다.

너무나 감사하게도 하나님은 죄 문제를 친히 해결하셨다.

어떻게 해결하셨는가? 그 아들 예수님을 통하여 죄 문제를 해결하셨다. 그 아들을 죄인의 모양으로 이 땅에 보내셔서 아담과 하와 곧 온 인류가 지은 죄의 값을 다 짊어지게 하시고 십자가에서 못 박혀 죽게 하심으로 죄 문제를 해결하셨다. 죽으실 뿐 아니라 죽으신지 삼일 만에 다시 부활하게 하심으로 우리의 죄 문제를 완전히 해결하셨다.

이와 같이 예수님의 죽음과 부활을 믿을 때 죄의 문제를 온전히 해결하게 된다. 죄 문제만 해결하는 것이 아니라 하나님의 아들과 딸이 되는 복을 받는다. 죄인이 아니라 의인이 되는 영광을 누리게 된다. 죄인으로 구제불능이었던 우리들이 하나님의 은혜로 새로워진 것이다. 천국의 시민권을 소유하게 되는 것이다.

예수님의 죽음과 부활을 믿고 고백하는 사람들에게 하나님이 하나님의 자녀가 되는 권세를 주셨다. 예수님의 죽음과 부활을 믿고 고백할 때 천국 시민권을 주신다. 예수님의 죽음과 부활이 내 죽음이고 내 부활임을 믿고 고백하는 사람들에게 하나님께서 영원한 생명을 주신다. 예수님의 죽음과 부활의 의미를 믿을 때 그것은 예수님이 우리의 주님이심을 인정하는 것이다. 마음으로 믿고 입으로 고백하는 신앙이 위대한 이유다.

예수님의 죽음이 내 죽음이고 예수님의 부활이 내 부활임을 마음으로 믿고 입으로 시인하는 것은 반복적으로 하는 것이다. 우리는 이것을 믿음생활 또는 신앙생활이라 부른다.

모두 예수님을 믿으시기를 바란다. 예수님을 주님이라고 믿고 부르기를 바란다. 오늘만 믿고 고백하는 것에서 날마다 믿고 고백하기를 바란다. 천국에 들어갈 때까지 이 영광에 동참하기를 바란다.

● ●나오며

지금 하나님의 나라가 세워지고 있다.

이 세상 나라는 하나님 나라의 예고편과도 같은 역할을 한다. 그래서 모든 것에 있어서 불완전하다. 일반적으로 나라는 국민과 영토와 주권으로 구성이 된다. 하나님의 나라도 마찬가지다. 국민과 영토와 주권으로 이루어져 있다. 여기 영토와 주권은 하나님이 준비하시는 부분이고 또 하나님의 영역이다.

주목해야 할 것은 하나님의 나라에 들어가서 사는 국민이다. 하나님 나라의 백성이다. 이 백성들이 중요하다. 우리와 직접 관련이 있기 때문이다. 하나님 나라에 들어가서 사는 하나님 나라의 백성은 하나님 나라의 시민권을 가지고 있어야 한다.

그 시민권을 가질 수 있는 자격은 예수님을 믿는 것이다.

구체적으로 두 가지다.

먼저 예수님이 누구시며 예수님이 무엇을 하셨는지를 알고 마음으로 믿고 입으로 고백해야 한다. 예수님이 누구신가? 주님이시다. 왕이시다. 그래서 '예수님은 나의 주님입니다.' '나의 왕입니다.' 이렇게 믿고 고백해야 한다.

두 번째는 예수님이 어떤 일을 하셨는지를 마음으로 믿고 입으로 고백해야 한다. 그것은 우리 죄를 대신해서 십자가에서 죽으시고 삼일 만에 부활하신 것을 마음으로 믿고 입으로 고백하는 것이다. 이렇게 할 때 하나님이 천국 시민권을 주신다.

〈토의 문제〉

1. 세상나라와 하나님 나라를 비교해 보고 그 차이점과 공통점을 나눠 보라.

2. 하나님 나라의 설계도라 할 수 있는 창세기 1장과 2장의 내용을 나눠 보라.

3. 세상 나라 시민권과 천국 시민권에 대하여 나눠 보라.

4. 천국 시민권을 얻는 조건에 대하여 나눠 보라.

5. 나는 천국 시민권자인지 나눠 보라.

II. '십자가의 도'(예수님)를 믿는 방법

"십자가의 도가 멸망하는 자들에게는 미련한 것이요 구원을 받는 우리에게는 하나님의 능력이라"(고전 1:18)

1. 예수 그리스도와 함께(골 2:12)
2. 예수 그리스도 - 제사장(골 2:12-13)
3. 예수 그리스도 - 선지자(골 2:12-14)
4. 예수 그리스도 - 왕(골 2:12-15)

골로새서 2장 12-15절

"12 너희가 세례로 그리스도와 함께 장사되고 또 죽은 자들 가운데서 그를 일으키신 하나님의 역사를 믿음으로 말미암아 그 안에서 함께 일으키심을 받았느니라

13 또 범죄와 육체의 무할례로 죽었던 너희를 하나님이 그와 함께 살리시고 우리의 모든 죄를 사하시고

14 우리를 거스르고 불리하게 하는 법조문으로 쓴 증서를 지우시고 제하여 버리사 십자가에 못 박으시고

15 통치자들과 권세들을 무력화하여 드러내어 구경거리로 삼으시고 십자가로 그들을 이기셨느니라"

1
예수 그리스도와 함께 (골 2:12)

'연합'이란 무엇인가? 하나로 합하는 것이다. 한국과 미국의 군대는 '연합군'이다. 한국군은 미군에 비하면 게임이 안 된다. 미군이 몇 백배 더 강하다. 하지만 두 나라 군대가 하나로 합해지니까 한국군의 약함이 문제가 안 된다. 두 나라의 군대가 연합군 상태를 유지하는 한, 한국군에게는 큰 유익이 있다.

수학이 재미있는 학문이라고 믿는 사람들이 있다. 반면에 수학이 재미없는 학문이라고 생각하는 사람들도 있다. 일반적으로 수학은 잘 풀릴 때에는 재미있고 잘 안 풀릴 때에는 재미가 없다. 수학을 특별히 좋아하는 사람들 빼고는 대부분 같은 생각을 가질 것이다. 수학공부를 해보면 가장 중요한 것이 '기초'라는 것을 알 수 있다.

수학은 우리 인생과 비슷한 면이 있다. 수학에서 가장 중요한 것이 기초이다. 가장 기본적인 기초는 덧셈 뺄셈이다. 숫자를 이해하고 가감승제 즉 덧셈과 뺄셈과 곱셈과 나눗셈 등을 할 줄 알아야 한다. 이것이 안 되면 수학은 출발도 할 수 없다. 기초는 매우 중요한 것이다. 또 기초라고 해서 모두 쉬운 것도 아니다. 기초가 잘못되어서 큰 문제가 되는 것들이 많다. 특히 무너지는 건축물 대부분이 여기에 해당된다.

그렇다면 기독교 신앙에서 가장 중요한 기초가 무엇인가?

오늘 언급하고 있는 말씀 안에 기독교 신앙의 가장 중요한 기초가 들어 있다. 무엇인지 한 번 보자. 골로새서 2장 12절이다.

"너희가 세례로 그리스도와 함께 장사되고 또 죽은 자들 가운데서 그를 일으키신 하나님의 역사를 믿음으로 말미암아 그 안에서 함께 일으키심을 받았느니라"

여기서 강조하고 있는 말씀이 무엇인가? 성도와 예수님이 함께 장사되고 함께 부활했다는 사실이다. 기독교의 위대한 개념으로 '연합'이란 말씀이 등장한다. 즉 예수님과 성도인 우리의 연합이다. 이 연합의 개념은 신자들에게 세상에서 가장 중요한 기초다. 수학에서 기초가 없으면 진도가 나갈 수 없는 것처럼, 기독교 신앙에서도 이 기초가 튼튼하지 못하면 앞으로 나갈 수 없다. 더 심각하게 말하면 신자라고 할 수도 없다.

즉 이 함께하심, 연합을 이해하지 못한다면 구원받지 못한 것이다. 따라서 성도들은 연합을 표현하는 '그리스도와 함께'라는 말이 성경에 등장할 때마다 주시해야 한다. 그 안에 성도의 모든 영광이 들어 있다.

신앙이 무너지는 사람들을 보면 이 연합의 기초가 없다. 아니면 이 연합의 기초를 소홀히 한다. 그러므로 성경에서 예수님과 우리의 연합이란 말이 등장하면 귀를 쫑긋 세워야 한다. 눈을 크게 떠야 한다. 왜냐하면 우리의 영원한 생명과 직결되는 말이기 때문이다.

골로새서 2장 12절은 그리스도와의 연합을 분명하고도 확고하게 말씀한다.

그 연합의 핵심이 무엇인가를 살펴보면서 은혜를 나누고자 한다. 그 연합의 핵심이 무엇인가? 그 연합의 위대한 핵심은 예수님의 죽음과 부활이다.

죽음(12절): 모든 죄의 문제를 해결

다시 골로새서 2장 12절을 보자.

"너희가 세례로 그리스도와 함께 장사되고 또 죽은 자들 가운데서 그를 일으키신 하나님의 역사를 믿음으로 말미암아 그 안에서 함께 일으키심을 받았느니라"

전반부에서 예수님의 죽음을 말씀하고 있다. 그런데 그 죽음이 우리의 죽음과 연합되어 있다. 놀라운 말씀이고 신비한 말씀이다. 오늘 우리가 여기 이렇게 멀쩡하게 살아 있는데, 2천 년 전에 죽으신 예수님의 죽음에 우리가 연합되어 있다는 것은 결코 이해하기에 쉬운 이야기가 아니다. 3차원 속에 살고 있는 우리에게 이 말씀은 난해하기 이를 데 없다. 하지만 성도에게 이 진실과 진리는 전혀 문제가 되지 않는다.

죽음의 문제를 먼저 살펴보자. 죽음이 무엇인가?

'죽음'은 인류 최고의 주제요 이슈이다. 그러나 사람들은 그렇게 생각하지 않는다. 이유가 무엇인가? 우선 대부분의 사람들은 죽음에 대하여 극도의 두려움을 느낀다. 또한 죽음의 정체를 잘 알지도 못한다. 그런 상황에서 '죽음'이라는 괴물을 섬기기 시작한다. 인간은 이 '죽음'이라는 괴물을 섬기다가 한 가지를 깨닫게 된다. 그것은 죽음의 정체가 무엇인지는 잘 모르지만 자신의 힘으로 도저히 극복할 수 없는 존재라는 사실이다.

그 때부터 어떻게 하는가? 죽음을 망각한다. 죽음을 상대하지 않는다. 다른 섭섭한 감정이나 손해 본 마음 같은 것들은 절대로 망각하지 않으면서 이 엄청난 괴물인 '죽음'은 망각한다. 죽음의 존재를 잊어버린다. 문득문득 생각나지만 역시 잊어버린다. 나이 먹어 죽음이 찾아와도 그러려니 하면서 죽음 속으로 걸어 들어간다.

그렇다. 별것도 아닌 것은 계속 잊지 못하면서 '죽음'이라는 괴물은 잘도 잊는다. 사실 이것은 대단한(?) 능력이기도 하다. '피할 수 없으면 즐 기라'는 말을 인용하면서 말이다. 초상집에 가보면 이런 현상을 실감한 다. 우리 모두는 특별한 죽음이 아니면 별 신경을 쓰지 않는다. 어머니 나 아버지가 돌아가셔도 빨리 장례 치르고 일상생활로 복귀하기만을 기 다린다.

죽음의 두려움을 이런 식으로 극복한 인류는 그 때부터 죽음을 염두 에 두지 않는다. 아니 죽음이 찾아오기까지는 죽음을 두려워하지 않는 다. 인생은 한 번 죽는 것이니, 살아 있는 동안 멋지게 살아보자고 스스 로 다짐한다. 그리고 꿈에 그리던 하나님의 자리에 앉는다. 물론 가짜 하나님의 자리다. 눈에 보이는 것이 최고며 내 인생의 주인은 '나'라고 굳게 확신하면서 말이다. 영원한 생명, 천국, 지옥 같은 말은 실재가 아 니라고 다짐하기도 한다. 이런 사람들에게 전도하면, 눈에 보이는 세상 도 알지 못하는데 '내세'라는 말을 믿을 수 없다고 말한다.

창세기 3장 4절로 5절에서 등장하는 뱀의 소원이 이루어진 것이다.

"⁴ 뱀이 여자에게 이르되 너희가 결코 죽지 아니하리라 ⁵ 너희가 그 것을 먹는 날에는 너희 눈이 밝아져 하나님과 같이 되어 선악을 알 줄 하나님이 아심이니라"

선악과를 따먹은 인류는 이때부터 가짜 하나님 행세를 하면서 살아 오고 있다. "내 것 가지고 내 마음대로 하는데 누가 시비야."라는 말을 우리 안주머니에 항상 넣고 다니며 하나님 행세를 한다. 이 말은 '내가 하나님이다'라는 의미이다. 우리가 소유하고 있는 것 중에, 진짜 내 것이 있다고 생각하는 사람은 불신자이다. 우리가 소유하고 있는 그 어떤 것도 내 것은 없다. 모두 하나님께 빌려 쓰고 있는 것이다. 그 표시로 우리는 십일조를 드리고 주일을 지킨다. 십계명에 순종한다.

원래 우리를 향하신 하나님의 계획은 죽음이 아니었다. 하나님의 자녀들인 우리가 죽음 없는 영원한 생명을 누리며 사는 것이었다. 우리의 범죄로 이런 비극을 자초한 것이다. 그러나 하나님은 자신이 하나님이라 고함치는 우리에게, 하나님의 존재를 전혀 인정하지 않는 패역한 우리에게 하나님의 사랑을 거두지 않으셨다. 하나님은 원래 세우셨던 우리를 향한 사랑의 계획을 차근차근 시행하셨다.

사실 정상적인 모든 사람은 스스로 하나님이 아님을 잘 안다. 인생의 끝이 죽음이 아니라는 것도 잘 안다. 전도서 3장 11절에, "하나님이 모든 것을 지으시되 때를 따라 아름답게 하셨고 또 사람들에게는 영원을 사모하는 마음을 주셨느니라 그러나 하나님이 하시는 일의 시종을 사람으로 측량할 수 없게 하셨도다"라고 말씀한다.

그렇다. 우리는 우리의 인생을 죽음으로 끝낼 사람들이 아니다. 하나님이 예비하신 영원한 삶을 누릴 사람들이다. 인간이 스스로 지위를 높였으나 인간의 지위는 높아지지 않았다. 스스로 하나님임을 자처하고 있으나, 사실 하나님이 아님을 누구보다도 우리 스스로가 더 잘 안다.

왜냐하면 하나님만이 하나님이시기 때문이다. 하나님은 하나님의 자리를 결코 인간에게 주지 않으신다. 왜 그런가? 인간은 하나님이 아니기 때문이다. 하나님이 아닌 존재가 하나님의 자리에 가면 그것이 비극이다. 피조물 인간임을 겸손히 인정하는 것만이 최고의 축복이 된다. 그렇게 할 때 인간이 지은 모든 허물과 잘못을 하나님께서 친히 해결해 주심으로 영원한 생명을 주신다.

하나님의 그 해결방법이 본문인 골로새서 2장 12절에 나온다. 여기서 예수님을 믿는 성도들이 세례로 예수님과 함께 장사되었다고 말씀한다.

참 신비한 내용이다. 우리가 예수님의 이름으로 세례를 받으면 그것이 예수님과 함께 죽어 장사된 것이라 말씀한다. 하나님이 해결하신 방법이 좀 무시무시하다. 왜냐하면 우리를 죽여 버리셨기 때문이다. 원래 죄를 지으면 죽이겠다고 말씀하셨던 것을 실행하신 것이다. 그런데 그 방법이 우리의 상상을 초월한다.

어떻게 우리를 죽이셨나?

예수님 안에 넣고 죽이셨다. 예수님과 함께 죽이셨다. 예수님이 십자가에서 죽으실 때 우리를 예수님 안에 넣으셨다. 이 진리를 본문인 골로새서 2장 12절 상반절에서 말씀하고 있다.

● ●"너희가 세례로 그리스도와 함께 장사되고"

그러니까 세례를 받을 때 이 점을 명확히 알고 받아야 한다. 그리고 일단 세례를 받았으면 이 사실을 바로 알고 언제나 인정해야 한다. 세례의 의미가 무엇인가? 예수님과 연합되는 신비한 행위이다. 여기서 강조하는 것은 예수님의 죽음과의 연합이다.

기독교 신앙의 신비함과 위대함이 여기에 있다. 우리가 이렇게 멀쩡하게 살아 있는데, 우리가 삼위일체의 이름으로 세례를 받으면 예수님의 죽음과 연합되어 우리도 죽음의 상태가 된다는 사실이다. 따라서 아무나 세례를 받는 것이 아니다. 세례가 가지고 있는 진리가 믿어져야 세례를 받을 수 있다. 세례가 가지고 있는 진리를 알지도 못하고 믿지도 않으면 절대로 세례를 받아서는 안 된다. 왜냐하면 아무 의미도 없기 때문이다.

그러나 세례가 가지고 있는 의미를 알고 세례를 받을 뿐만 아니라 그 진리를 믿게 되면 어떻게 되는가? 세례가 가지고 있는 의미들이 우리의 삶을 통해서 드러난다.

그러면 세례가 가지고 있는 의미들이 무엇인가?

일단 성도가 세례를 받으면 예수님의 죽음과 연합이 된다. 예수님의 죽음이 내 죽음이 되었음을 알게 된다. 그러면 예수님과 함께 죽었다는 것, 예수님의 십자가 죽음에 연합되었다는 이 사실이 우리에게 주는 핵심의미는 무엇인가?

우리가 예수님 안에서, 예수님과 함께 시체가 되었다는 의미이다. 시체의 특성을 아는가? 시체는 말이 없다. 느낌도 없다. 반응도 없다. 시체에게 욕을 해도 대꾸가 없다. 성경말씀 특히 로마서 6장과 7장에 보면, 죽은 시체가 되었을 때의 상황을 잘 설명하고 있다. 즉 죄에 대하여 죽었음을 강조한다. 당연하다. 죄는 살아있는 사람에게만 접근한다. 살아 있는 사람만을 괴롭힌다. 그러나 죽으면 방법이 없다. 죄가 그 힘을 행사하지 못한다.

추가로 두 가지를 더 말할 수 있다. 죄에 대하여 죽었을 뿐만 아니라 율법에 대해서도 죽었고 사탄에 대해서도 죽었다고 말씀한다.

그러니까 세례로 예수님의 죽음과 하나로 연합했다는 이 말씀에 근거하여 3중적인 죽음의 역사가 일어난 것이다. 이것은 매우 중요하다. 영원히 잊으면 안 된다. 우리 성도들의 능력의 원천이 된다.

● ● 부활(12절): 죽음의 문제를 해결

기독교의 핵심적인 기초 두 번째는 부활이다. 첫째는 죽음이요, 둘째는 예수님의 부활이다. 골로새서 2장 12절을 다시 읽어보자.

"너희가 세례로 그리스도와 함께 장사되고 또 죽은 자들 가운데서 그를 일으키신 하나님의 역사를 믿음으로 말미암아 그 안에서 함께 일으키심을 받았느니라"

예수님의 부활을 언급할 때, 하나님 아버지께서 하신 일을 언급하고 있다. 하나님이 예수님을 죽은 자들 가운데서 일으키셨다고 말씀하고 있다. 하나님이 행하신 모든 역사는 다 위대하다. 그러나 가장 위대한 역사는 바로 예수님을 죽은 자들 가운데서 일으키신, 살리신 역사다. 이 역사로 말미암아 예수님을 믿는 모든 사람들이 함께 부활하는 영광에 동참하게 되었다.

여기서 '시제'가 중요하다. 예수님의 부활로 말미암아 그 부활을 믿는 우리에게 임한 부활의 축복을 어떤 시제로 표현하고 있는가? 즉 과거인가 현재인가 아니면 미래인가? 대부분 우리는 미래로 생각한다. 아니다. 성경에서 하나님은 우리의 부활이 과거에 이미 일어났다고 말씀한다. 멀쩡하게 살아 있는 우리에게 예수님 안에서 죽었다고 말씀하는 것도 신비로운 말씀이다. 그러나 아직 부활에 동참하지도 않았는데, 우리가 예수님과 함께 부활에 참여했다는 미래적인 표현도 신비로운 말씀이다.

기독교 신앙의 특징이 여기 있다. 구원 받은 성도는 성경을 믿는다. 특별히 우리와 연합된 예수님 안에서 일어난 모든 사건을 우리와 일체화시킨다. 뿐만 아니라 예수님 안에서 일어난 사건들에 우리가 이미 동참했음을 믿는다. 여기에 시제는 신비로운 개념이다. 과거에 일어났던 것을 믿는 것은 쉽다. 그러나 오지 않은 미래를 이미 이루어졌다고 말씀하는 것은 쉽지 않다. 하지만 성도에게는 이것이 문제가 되지 않는다. 하나님의 관점에서 표현하는 진리들이기 때문이다. 하나님께서는 시제가 존재하지 않는다. 하나님은 언제나 시간을 초월하여 영원 중에 계시는 분이시다.

성경에 이런 표현들이 자주 나온다. 그것은 영원 중에 계시는 하나님께서 이루시는 일들이기 때문에 그 확정과 성취가 완벽하기에 그렇게 표현하는 것이다. 전지전능하신 하나님이 행하시는 일이기에 그렇게 표현하는 것이다.

이런 이유로 예수님 부활이 우리의 부활이 되는 것이다. 그것도 미래에 있을 어느 시점이 아니라 십자가에서 죽은 지 삼일 만에 부활하실 그 때에 예수님 부활에 우리들이 동참했음을 믿는다.

그렇다면 그 증거가 무엇인가? 우리가 예수님과 함께 2천 년 전에 부활했다는 증거가 있어야 한다. 그 증거는 바로 예수님의 영이신 성령님의 '내주'이다.

"하나님이 오른손으로 예수를 높이시매 그가 약속하신 성령을 아버지께 받아서 너희가 보고 듣는 이것을 부어 주셨느니라"(행 2:33).

예수님의 부활과 승천으로 성령강림이 이루어졌다. 승천하신 예수님이 하나님 아버지께 성령을 받아서 부어주셨다. 그러므로 성도들이 예수님의 부활에 동참했다는 분명한 증거는 우리 안에 예수님께서, 예수님의 영이신 성령님께서 우리에게 오셔서 우리와 함께 사시는 것이다. '삼동'하시는 것이다. 즉 성령님이 우리와 동거하시고 동행하시고 동역하시는 것이다. 이것을 부활생명으로 살아간다고 한다.

갈라디아서 2장 20절이다.

"내가 그리스도와 함께 십자가에 못 박혔나니 그런즉 이제는 내가 사는 것이 아니요 오직 내 안에 그리스도께서 사시는 것이라 이제 내가 육체 가운데 사는 것은 나를 사랑하사 나를 위하여 자기 자신을 버리신 하나님의 아들을 믿는 믿음 안에서 사는 것이라"

예수님의 영이신 성령님과 함께 사는 것을 표현하는 말씀이다. 부활생명으로 살아가는 것을 설명하는 말씀이다. 성도들이 하나님을 아버지로 부르는데 어색하지 않다면, 예수님을 주님으로 부르는데 어색하지 않다면 우리는 성령으로 거듭난 것이다. 즉 성령님께서 우리 안에 오셔서 우리와 함께 살아주시는 것이다.

우리나라에 심장병 있는 이들이 많이 있다. 심장수술을 통해서 그 기능을 회복할 수 있는 이들이 많다. 어린 아이들도 마찬가지다. 그러나 어떤 이들은 심장 수술 가지고 안 된다. 심장을 이식받아야 한다. 이식 받지 못하면 살 수 없는 상황이다. 그런데 어느 누군가가 심장 이식을 하겠다고 할 때 희망이 생긴다. 하지만 심장 이식은 아무나 하는 것이 아니다. 누군가가 교통사고 같은 것을 당하여 뇌사상태에 빠질 때나

할 수 있는 것이다. 그 사람이 아이일 경우에 부모가 그 결정을 하는 것이다.

자녀를 먼저 천국에 보내면서 살아 있는 심장을 필요한 사람에게 주는 것이다. 그 때 양가 부모들의 심정이 어떨까? 자기 자녀의 심장을 이식 받은 사람을 볼 때의 심정이 어떨 것인가? '저 아이 속에 있는 심장은 내 아이의 것'이라는 생각을 하게 될 것이다. 그 아이를 만날 때의 감정이 남다를 것이다.

우리가 예수님을 믿는가? 그렇다면 우리 안을 들여다보라. 지금 누구의 심장이 뛰고 있는가? 성경은 예수님께서 성령으로 성도들 안에 오셔서 함께 살아주신다고 말씀하신다.

사도 바울은 이렇게 말씀했다. "내가 예수 그리스도의 심장으로 너희 무리를 얼마나 사모하는지 하나님이 내 증인이시니라"(빌 1:8).

우리 성도들 안에는 예수님의 심장이 뛰고 있다. 진실한 성도들은 이 진리를 굳게 붙든다. 하나님 아버지의 영이시며 예수님의 영이신 성령님이 오셔서 우리와 함께 사시기 때문이다. 이 진리를 믿고 사는 삶이 성령으로 사는 삶, 성령으로 행하는 삶이다. '삼동'의 삶이다. 즉 동거와 동행과 동역의 삶이 실제가 된다.

이런 삶을 부활생명의 삶이라 부른다. 성령님과 함께 하는 삶이 본격적으로 시작되는 것이다. 이런 삶을 살 때 예수님 부활의 능력이 드러나기 시작한다. 예수님의 부활이 죽음의 문제를 해결했다는 진리를 확실히 믿고 살아간다. 뿐만 아니라 그 부활의 생명이 실제로 우리의 삶에 드러나기 시작한다. 부활이 이론이 아니라 실재가 되는 것이다. 예수님을 믿는 사람들에게 임한 최고의 축복이 이것이다. 예수님의 죽음을 믿을 때 모든 죄의 문제가 해결되었다는 것이고, 예수님의 부활을 믿을 때에 죽음의 문제가 해결되었다는 사실이다. 그리고 이 놀라운 능력의 삶이 실제로 우리의 삶에 드러난다.

이런 영광의 삶에 대하여 예수님이 요한복음 7장 37-39절에서 이렇게 말씀하셨다.

"[37] 명절 끝날 곧 큰 날에 예수께서 서서 외쳐 이르시되 누구든지 목마르거든 내게로 와서 마시라 [38] 나를 믿는 자는 성경에 이름과 같이 그 배에서 생수의 강이 흘러나오리라 하시니 [39] 이는 그를 믿는 자들이 받을 성령을 가리켜 말씀하신 것이라 (예수께서 아직 영광을 받지 않으셨으므로 성령이 아직 그들에게 계시지 아니하시더라)"

생수의 강 속에서 헤엄치며 살아가라. 부활생명이신 성령의 능력을 경험하며 살아가라.

●●죽음과 부활의 진리를 믿으라(롬 6:6-11)

부활생명이 어떻게 드러나는가?
골로새서 2장 12절을 다시 읽어보자.

"너희가 세례로 그리스도와 함께 장사되고 또 죽은 자들 가운데서 그를 일으키신 하나님의 역사를 믿음으로 말미암아 그 안에서 함께 일으키심을 받았느니라"

드러나는 비결이 무엇인가? "믿음으로 말미암아"라고 말씀한다.

믿을 때 드러난다. 즉 예수님의 죽음의 의미와 부활의 의미를 믿을 때 그 능력이 우리의 삶을 통하여 드러난다. 반대로 믿지 않으면 어떻게 되는가? 드러나지 않는다. 어제는 믿고 오늘은 믿지 않으면 어떻게 되는가? 어제는 드러나고 오늘은 드러나지 않는다. 이런 이유로 날마다 하는 믿음생활이 중요하다는 것이다.

"예수님 죽음 내 죽음, 예수님 부활 내 부활임을 믿습니다."라고 하는 고백이 날마다 필요한 이유다. 진수성찬을 차려놓고도 영양실조 걸려서 죽는다면 그 사람을 뭐라 하겠는가? 정상이 아니라 할 것이다. 지구촌에 음식이 없어서 힘들어하는 우리의 이웃들이 많다. 그들을 위하여 기도해야 한다. 그러나 이해하지 못하는 현상들도 있다. 음식이 남아돌고 있는데, 먹지 않아서 영양실조에 걸린다면 정상이 아니다. 하지만 이런 증상이 우리나라를 포함하여 잘사는 나라에서 실제로 일어나고 있다. 어찌해야 좋을까?

더 심각한 현상은 신앙의 영역에서 이런 증상이 나타나고 있다는 사실이다. 예수님의 죽음과 부활을 우리가 믿어야 한다. 날마다 고백함으로 믿어야 한다. 많은 분들이 날마다 믿음의 고백을 통하여 믿음생활을 한다. 그래서 날마다 죄의 문제, 죽음의 문제를 해결하는 능력 있는 부활생명의 삶을 누린다. 주님이 주시는 생명력 넘치는 삶을 살아간다. 하지만 적지 않은 이들이 생명의 삶을 살지 못한다. 이유가 무엇인가? 예수님의 죽음과 부활을 믿지 않기 때문이다. 언제 믿었는지 모른다. 스스로는 그들도 그 믿음이 계속 지속되고 있다고 생각한다. 그러나 사실은 그렇지 않다. 믿음생활은 날마다 반복되어야 한다. 마음으로 믿고 입으로 시인해야 한다.

이것을 날마다 구체적으로 믿는 방법이 로마서 6장 6-11절에 나온다.

"⁶ 우리가 <u>알거니와</u> 우리의 옛 사람이 예수와 함께 십자가에 못 박힌 것은 죄의 몸이 죽어 다시는 우리가 죄에게 종 노릇 하지 아니하려 함이니 ⁷ 이는 죽은 자가 죄에서 벗어나 의롭다 하심을 얻었음이라 ⁸ 만일 우리가 그리스도와 함께 죽었으면 또한 그와 함께 살 줄을 믿노니 ⁹ 이는 그리스도께서 죽은 자 가운데서 살아나셨으매 다시 죽지 아니하시고 사망이 다시 그를 주장하지 못할 줄을 앎이로라 ¹⁰ 그가 죽으심은 죄에 대하여 단번에 죽으심이요 그가 살아 계심은 하나님께 대하여 살아 계심이니 ¹¹ 이와 같이 너희도 너희 자신을 죄에 대하여는 죽은 자요 그리스도 예수 안에서 하나님께 대하여는 살아 있는 자로 <u>여길지어다</u>"

여기서 가장 중요한 단어가 6절의 '알거니와'와 11절의 '여길지어다'
다. 그러니까 알고 여기는 것이 믿음의 구체적인 표현이라는 말이다. 우
리가 고백할 때 가지고 있어야 할 의미들이다. 이 두 단어의 주어는 "성
도"이고 "신자"이다. 그러면 이 두 단어의 목적어는 무엇인가? 무엇을 알
고 무엇을 여기라는 것인가?

알고 여긴다는 동사의 목적어는 예수님 죽음 내 죽음, 예수님 부활 내
부활을 알고 여긴다는 의미다. 이 진리를 고백할 때 알고 여김의 내적
동의가 있어야 한다는 말이다. 그러니까 이 진리를 알고 여길 때, 이것이
예수님을 믿는다는 의미가 되는 것이다.

"예수님 내가 주님을 믿습니다."라고 고백할 때, 예수님이 나의 주인
님이 된다는 사실을 알고 여기는 것이다. "예수 죽음 내 죽음, 예수 부
활 내 부활을 믿습니다."라고 고백할 때 모든 죄의 문제와 모든 죽음의
문제가 예수님에 의하여 완벽하게 해결되었음을 알고 여긴다는 말이다.
"주님과의 동거와 동행과 동역을 믿습니다."라고 고백할 때, 우리의 삶
속에서 예수님의 영이신 성령님과 언제나 함께 살고 함께 동행하고 함께
일한다는 것을 알고 여긴다는 말이다.

많은 분들이 신앙생활의 목적을 오해하고 있다. 어떤 분들은 노골적
으로 삶에 보탬이 되는 것을 신앙생활의 목적으로 삼는다. 더 나은 삶,
성공적인 삶을 위하여 교회가 필요하다고 말한다. 아니 삶에 보탬이 되
고 더 성공적인 삶을 위하여 교회가 기여할 수 있다. 하나님의 말씀을

선포할 때에도 그런 면이 없는 것이 아니다. 하지만 이것을 분명하게 해두어야만 한다. 신앙생활의 목적이 그것이면 망한다. 왜 그런가? 그런 목적이 모두 성취되지는 않기 때문이다. 그럴 때 사람들은 가차 없이 교회를 떠난다. 신앙생활의 목적은 그런 것이 아니다.

신앙생활의 목적은 하나님과 예수님을 깊이 알아가는 것이어야 한다. 왜냐하면 이것이 영원한 생명의 원천이요 비결이기 때문이다.

"영생은 곧 유일하신 참 하나님과 그가 보내신 자 예수 그리스도를 아는 것이니이다"(요 17:3).

하나님과 예수님을 깊이 알아갈 때 진정한 쾌락이 있다. 세상의 허접한 쾌락, 있다가 금방 없어지는 즐거움이 아니라 영원히 지속되는 즐거움이 하나님을 알아가는 과정에 있다. 하나님을 아는 것에 인생의 목적을 두지 않으면 엉뚱한 것에 목적을 둔다. 어떤 것에 목적을 두는가? 금방 있다가 사라지는 것에 목적을 둔다.

아니다. 거기에 인생의 목적을 두면 안 된다. 우리 인생의 목적은 하나님과 예수님을 알아가는 것에 두어야 한다. 그 기초와 핵심이 무엇인가? 바로 예수님의 죽음과 부활이다. 예수님의 죽음과 부활이 어떤 의미가 있는 지를 알아가야 한다. 예수님의 죽음과 부활에 하나님 아버지께서 하신 역할을 알아가야 한다. 그것이 영원한 생명을 우리에게 준다.

이 진리를 굳게 믿고 하나님의 능력가운데 살아갔던 사도 바울 선생님은 이렇게 말씀했다.

"십자가의 도가 멸망하는 자들에게는 미련한 것이요 구원을 받는 우리에게는 하나님의 능력이라"(고전 1:18)

"²³ 우리는 십자가에 못 박힌 그리스도를 전하니 유대인에게는 거리끼는 것이요 이방인에게는 미련한 것이로되 ²⁴ 오직 부르심을 받은 자들에게는 유대인이나 헬라인이나 그리스도는 하나님의 능력이요 하나님의 지혜니라"(고전 1:23-24)

"내가 너희 중에서 예수 그리스도와 그가 십자가에 못 박히신 것 외에는 아무 것도 알지 아니하기로 작정하였음이라"(고전 2:2)

"그러나 내게는 우리 주 예수 그리스도의 십자가 외에 결코 자랑할 것이 없으니 그리스도로 말미암아 세상이 나를 대하여 십자가에 못 박히고 내가 또한 세상을 대하여 그러하니라"(갈 6:14)

여기서 언급하는 십자가의 의미는 모두 예수님의 죽음과 부활을 동시에 표현한다. 골로새서 2장 12절 상반절의 십자가는 예수님의 죽음만을 가리켰다. 하지만 여기서 언급하는 십자가는 예수님의 죽음과 부활을 모두 상징한다.

이렇게 능력 있는 십자가를 사랑하는 것은 당연하다. 예수님이 "자기 십자가를 짊어지고 예수님을 따르라"는 말씀도 헌신과 자기부정의 의미에서만 생각할 것이 아니다. 성도는 십자가가 가지고 있는 분명한 의미를 믿음으로 고백하면서, 십자가, 다시 말해 예수님의 죽음과 부활이 가져다주는 하나님의 지혜와 능력을 덧입고 살아야 한다. 자랑하면서 살아야 한다.

사도 바울은 자신에게 자랑할 것이라고는 '십자가' 밖에 없다고 당당하게 선포하고 있다. 이 말은 십자가의 위대함, 다시 말해 예수님의 죽음과 부활이 가져다주는 엄청난 축복과 능력을 가리키는 말이다.

● ●나오며

이 십자가의 능력이 언제 어떻게 나타나는가?

'그리스도와 함께'만 나타난다. 그리스도와의 연합 상태에서만 나타난다. 어떻게 예수님과 연합하는가? 즉 어떻게 세례를 받음으로 예수님의 죽음에 연합되는 것인가? 어떻게 예수님의 부활에 연합하는 것인가?

믿음으로다. 날마다 믿음생활을 통해서 십자가의 능력이 드러난다. 예수님의 죽음과 부활의 능력이 드러난다. 우리의 믿음으로 말미암아 우리의 죄 문제가 완전히 해결되고 우리의 죽음의 문제가 완벽하게 해결된다. 성도는 이런 능력 가운데서 세상을 살아내는 것이다.

잠언 25장 13절에, "충성된 사자는 그를 보낸 이에게 마치 추수하는 날에 얼음냉수 같아서 능히 그 주인의 마음을 시원하게 하느니라"고 말씀한다.

우리가 십자가를 굳게 믿는 믿음으로 살 때 하나님의 마음을 시원하게 해드리는 것이다. 추수하는 날에 얼음냉수 같은 시원함을 하나님께 돌려 드린다.

그게 끝인가? 아니다. 십자가의 의미를 굳게 붙드는 믿음생활을 날마다 할 때, 우리의 마음도 추수하는 날의 얼음냉수 같이 된다. 하나님이 십자가 죽음과 부활의 능력으로 우리의 마음을 시원하게 해주신다.

〈토의 문제〉

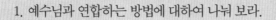

1. 예수님과 연합하는 방법에 대하여 나눠 보라.

2. 예수님의 죽음과 연합될 때, 어떤 효과가 발생하는지를 나눠 보라.

3. 예수님의 부활과 연합될 때, 어떤 효과가 발생하는지를 나눠 보라.

4. 예수님의 부활생명을 누리는 방법에 대하여 나눠 보라.

2
예수 그리스도 - 제사장 (골 2:12-13)

골로새서 2장 12절은 기독교 신앙의 핵심을 말씀한다.

"너희가 세례로 그리스도와 함께 장사되고 또 죽은 자들 가운데
서 그를 일으키신 하나님의 역사를 믿음으로 말미암아 그 안에서
함께 일으키심을 받았느니라"

무슨 의미인가?

예수님이 십자가에서 죽으셨다가 다시 살아나셨다고 말씀한다. 그런
데 그 예수님을 믿을 때 그 죽음과 부활에 동참하게 된다는 것이다. 그
러니까 예수님을 믿는 성도들에게 이런 도식이 성립하는 것이다.

'예수 죽음 내 죽음, 예수 부활 내 부활'이다.

이것은 분명한 사실이다. 역사적 사실이다. 우리가 성도라면 이 진리
를 믿어야 한다. 이 진리를 믿는 사람을 성도라 한다. 이 진리를 믿는

사람을 하나님의 자녀라 한다. 이 진리를 믿게 될 때 하나님을 아버지라 부르게 된다. 이 진리를 믿는 성도의 특징은 날마다 이 사실을 고백으로 표현한다는 사실이다. "예수 죽음 내 죽음, 예수 부활 내 부활"이라는 고백을 쉬지 않는다. 이 고백에 구원의 능력이 있기 때문이다.

로마서 10장 9절로 10절이다.

> "[9] 네가 만일 네 입으로 예수를 주로 시인하며 또 하나님께서 그를 죽은 자 가운데서 살리신 것을 네 마음에 믿으면 구원을 받으리라 [10] 사람이 마음으로 믿어 의에 이르고 입으로 시인하여 구원에 이르느니라"

뿐만 아니라 우리는 이 진리를 확실하게 하기 위하여 행동으로 표현한다. 그게 무엇인가? 바로 세례다. 12절에서 세례를 말씀하는 이유다.

세례의 과정은 죽음과 부활을 나타낸다. 세례를 받으려고 물에 들어갈 때 예수님과 함께 죽는 것이고 물에서 올라올 때 예수님과 함께 부활하는 것이다. 따라서 우리가 삼위일체 하나님의 이름으로 세례를 받을 때, 물에 들어갈 때 예수님의 죽음에 동참하는 것이고 물에서 나올 때 예수님의 부활에 동참하는 것이다. 따라서 정상적인 성도는 자신이 받은 세례가 얼마나 소중한지를 안다. 필요할 때마다 받은 세례를 상기하여 예수님과 함께 죽었고 예수님과 함께 살았음을 선포한다. 어떻게 선포하는가? 고백을 통하여 선포한다.

교회는 이 세례의 의미를 반복 기념하고자 성찬식을 행한다. 예수님의 살과 피를 먹고 마심으로 예수님과의 연합을 기념하는 것이다. 세례를 통하여 연합된 그 상태가 지속되고 있음을 성찬식을 통하여 기념하는 것이다.

그렇다면 예수님은 왜 죽으셔야 했는가? 죽었다가 왜 3일 만에 부활하셔야 했는가?

● ● 예수님의 죽음과 부활(13절)

예수님의 죽음에는 두 가지 이유가 있다.

첫째는 정치적인 죽음이다. 그 당시, 예수님이 태어나실 때의 헤롯 왕도 예수님을 죽이려 했다. 예수님이 십자가에 못 박히실 때 이스라엘은 로마의 통치 아래 있었다. 빌라도 총독이 생사여탈권을 행사하던 때였다. 헤롯이 죽이려 할 때도 자신의 자리 때문이었고 빌라도 총독이 예수님을 십자가 죽음에 넘겨준 것도 자신의 자리 때문이었다. 뿐만 아니라 예수님을 죽음에 넘긴 유대인들, 특히 기득권층들의 그런 시도도 자신들의 안위를 위한 것이었다. 그러나 이런 정치적인 이유가 예수님 죽음을 다 설명하는 것이 아니다.

예수님이 십자가에 못 박혀 죽으신 진정한 이유는 하나님 아버지의 계획 때문이다.

이것이 예수님 죽음의 두 번째 이유다. 본문인 골로새서 2장 13절이 말하는 "우리의 범죄와 육체의 무할례" 때문이다. 예수님은 죄가 없으신 분이다. 이 땅에 존재하는 모든 사람들 중에 죄가 없는 분은 오직 예수 님뿐이다. 우리의 범죄로 말미암아 죽으신 예수님이시기에 그 죽음의 특성을 '대속의 죽음'이라 부른다.

예수님의 죽음은 십자가에서 이루어졌다. 십자가 처형은 가장 잔혹한 죽음 중 하나다. 예수님은 가장 잔혹한 죽음의 방법을 거치셨다. 이유는 죄의 대가를 설명하는데 적합하기 때문이다. 우리 인류가 지은 죄는 자칭 하나님이 되려 한 죄다. 하나님이 아닌데 하나님이 되려고 하는 것이 가장 악한 죄다. 사탄이 여기에 개입했다고 성경은 말씀한다. 하나 님은 그 죄가 얼마나 악하고 심각한 것인가를 알려주시기 위하여 십자 가 죽음을 선택하신 것이다.

예수님은 십자가에서 죽으시고 부활하시는데 3일이 걸렸다.

3일이 지나서 부활하심으로 예수님을 믿는 성도들의 모든 죄 문제를 해결하신 것이다. 기독교 신앙의 핵심이 예수님의 죽음과 부활인데, 예수님은 왜 죽은 지 3일 만에 부활하셨는가? 4일 만에 부활하시면 안 되는가? 5일은 어떤가? '사람이 죽으면 대부분 3일장 하는데, 그 근거가 혹시 예수님이 죽으신 지 3일 만에 부활하셨기 때문은 아닌가?' 아니다. 절대 그런 것이 아니다. 예수님이 죽으신지 3일 만에 부활하신 이유가 있다.

요한복음 14장 1-3절이다.

"[1] 너희는 마음에 근심하지 말라 하나님을 믿으니 또 나를 믿으라 [2] 내 아버지 집에 거할 곳이 많도다 그렇지 않으면 너희에게 일렀으리라 내가 너희를 위하여 거처를 예비하러 가노니 [3] 가서 너희를 위하여 거처를 예비하면 내가 다시 와서 너희를 내게로 영접하여 나 있는 곳에 너희도 있게 하리라"

이 말씀은 예수님이 십자가에 달리시기 직전에 제자들에게 하신 것이다. 예수님은 여기서 제자들에게 근심하지 말라 하신다. 자신이 곧 죽을 것이지만 제자들에게 다시 올 것을 말씀하신다. 아주 놀라운 이야기 아닌가? 그 당시 제자들의 입장에서는 전혀 믿을 수 없는 말씀이다. 예수님이 죽으셨다가 다시 제자들에게 돌아오신다는 본문의 말씀은 두 가지 의미가 있다.

첫째는 천국이 완성되었을 때, 예수님의 재림과 더불어 이루어지는 것이다. 당연한 말씀이다. 예수님은 곧 이 땅에 육신으로 재림하실 것이다. 이 사실을 제자들에게 말씀하셨다.

둘째는 예수님이 죽으신 지 삼일 만에 부활하시고 50일 후에 성령으로 오셔서 피차 처소가 되는 경우를 말씀하신 것이다. 다시 말해서 성령님이 이 땅에 오신다는 것은 예수님이 영으로 오신다는 말씀이다. 왜냐하면 성령 하나님이 예수님의 영이시기 때문이다. 성령님이 이 땅에 오시면서 놀라운 일이 벌어진다. 피차 처소가 된 것이다. 성령님은 우리 안에 거하시고 우리는 성령님 안에 거하게 되었다. 다시 말해서 예수님이 우리 안에 성령으로 오셔서 우리를 예수님의 집을 삼으셨고 예수님도 우리의 처소가 되어 주셨다. 우리의 집이 되어 주셨다. 예수님이 무덤 속에서 삼일 동안 예수님을 집으로 만드시고 우리도 집으로 만드셨다. 바로 예수님의 죽음은 이 처소를 예비하기 위함이었다.

그런데 왜 하필 삼일인가? 삼일 동안 이 처소를 예비하셔야 하는 이유가 있는가? 있다.

창조 원리가 그렇다.

우리는 성경에서 처음 나오는 창세기 1장에서 하나님이 천지를 창조하시는 내용을 볼 수 있다. 모두 6일 동안 창조를 하신다. 그 창조의 내용과 순서를 보면 그 이유를 알 수 있다.

6일은 월요일부터 토요일이다. 첫날부터 창조하셔서 6일 째 되는 날에 일을 끝내신다. 그런데 이 6일이 반으로 나뉜다. 앞에 나오는 3일과 뒤에 나오는 3일이 구분이 되고 서로 연관이 된다.

창세기 1장에 나오는 날짜와 창조물을 표로 나타내면 아래와 같다.

날짜	창조물	날짜	창조물
1일	빛	4일	해와 달과 별
2일	궁창	5일	새와 물고기
3일	**나무와 채소**	6일	**사람과 동물**

여기 날짜와 피조물을 보라. 일종의 규칙을 이루고 있다. 연관성이 있다. 연관성이 있는 것을 같은 서체로 표시했다. 즉 1일째와 4일째가 관련이 있고 2일째와 5일째가 관련이 있고 3일째와 6일째가 관련이 있다. 그 내용을 분석해 보면 1일째부터 3일째까지는 전체 창조의 틀을 구성하고 있다. 그리고 나머지 4일째부터 6일째는 그 틀을 채우는 역할을 한다.

첫째 날에 창조하신 빛은 넷째 날의 해와 달과 별이 관련되었다. 둘째 날에 창조하신 궁창에는 새와 물고기로 채워졌다. 셋째 날에 창조하신 나무와 채소는 6일째 창조하신 사람과 동물이 활용하도록 하셨다. 전체적으로 볼 때 앞에 3일은 뒤에 3일 동안 창조되는 것들과 연관되어 있고 그것들을 담는 그릇 역할을 한다고 볼 수 있다.

예수님이 십자가 죽음과 부활을 통하여 시도하시는 것은 새 창조다. 그러니까 예수님이 죽은 지 3일 만에 부활하시는 것은 새 창조의 집을 짓는 소중한 과정인데, 예수님이 제자들에게 처소를 예비하러 가신다 하시고 죽은 지 삼일 동안 계셨던 것은 첫 창조의 3일과 관련이 있다고 할 수 있다. 즉 3일 동안 새 창조의 틀을 만드신 것이다. 3일 동안 새 창조물인 우리들이 들어가 살 처소를 만드신 기간으로 보는 것이다.

●●예수는 그리스도 - 제사장 중심(13절; 행 5:42)

이렇게 십자가에서 죽으시고 죽은 지 삼일 만에 부활하신 예수님은 제사장의 역할을 성공적으로 수행하셨다. 초대교회는 예수님의 죽음과 부활에 기초하여 놀라운 복음을 전하기 시작했다. 사도행전 5장 42절이다. "그들이 날마다 성전에 있든지 집에 있든지 예수는 그리스도라고 가르치기와 전도하기를 그치지 아니하니라." 이 말씀의 핵심은 예수님이 그리스도라는 것이다. 초대 교회 성도들이 전한 복음의 핵심이 '예수는 그리스도'다.

따라서 우리는 이 의미를 알아야 한다. 예수님이 누구신가? 그리고 '그리스도'는 무엇인가? 이것을 알아야 예수님을 바르게 믿을 수 있다. 또 바르게 전파할 수 있다. '예수님이 그리스도시다'라는 말이 복음의 핵심이기 때문이다. 이 의미를 잘 알면 거꾸로 해도 된다. '그리스도는 예수님이시다'라고 말이다. 실제로 성경에 이렇게 나온다. 유대인들을 대상으로 할 때는 주로 '예수는 그리스도시다'라고 말한다. 하지만 예수님에 대하여 잘 모르는 이방인들에게 복음을 전할 때에는 '그리스도는 예수님이시다'라고 전한다. 물론 그 이방인들은 예수님은 누군지 잘 몰랐지만 '그리스도'라는 말의 의미는 알고 있는 사람들이었다. 그들에게는 '그리스도 예수'라는 말을 사용했다. 오늘 우리는 사실 두 말을 잘 몰랐었다. 따라서 우리에게는 어떤 말이 먼저 나오든지 상관이 없다. 그 말을 공부하면 되기 때문이다.

예수라는 말은 이름이다. 예수라는 말의 의미는 '자기 백성을 죄에서 구원할 자'이다. 어떻게 자기 백성을 죄에서 구원하시는가? 뒤에 나오는 그리스도에 답이 있다. 그리스도는 '기름을 붓다'라는 의미를 가지고 있다. 구약 시대에 하나님께서 일꾼을 세우실 때 기름을 부어 세우셨다. 아무나 기름을 부어 일꾼으로 세운 것이 아니라 세 가지 직분에 한해서 기름을 부어 세우셨는데, 바로 제사장과 선지자와 왕이다. 그러니까 예수님이 누구신가? 제사장일 수도 있고, 선지자일 수도 있고, 왕일 수도 있다. 그러나 놀랍게도 성경은 예수님이 이 세 가지 직분을 모두 가지고 계신 분이라고 말씀한다. 즉 예수님은 제사장이시고 선지자이시고 왕이시라는 말이다.

연결해서 말하면 '자기 백성을 죄에서 구원하시는 예수님이 제사장이시고 선지자이시고 왕이시다.' 더 정확하게 말하면 '예수님은 제사장과 선지자와 왕이 되셔서 자기 백성들을 죄에서 구원하신' 분이다. 따라서 모든 성도들은 이 사실을 반드시 알아야 한다. 예수님이 제사장이시며 선지자이시며 왕이라는 진리를 알아야 한다. 이것을 알지 못하면 우리의 구원에 문제가 생긴다. 전혀 다른 것을 믿으면서도 예수님을 믿고 있다고 생각할 수 있다. 이 세 가지 진리를 바로 알고 믿을 때 예수님을 바로 믿는 것이 되기 때문이다. 이런 믿음이 구원받는 믿음이기 때문이다. '예수님, 내가 주님을 믿습니다.'라는 고백을 할 때, 이 세 가지 의미를 알아야 제대로 된 신앙고백을 할 수 있다. 이 세 가지 의미를 모르는 상태에서 '예수님 내가 주님을 믿습니다.'라는 고백은 심각한 문제를 가져올 수 있다. 전혀 다른 것을 믿으면서도 예수님을 믿고 있다고 착각할 수 있기 때문이다.

그 중 이 시간 구체적으로 살펴보려고 하는 말씀이 제사장이다. 즉 예수님이 제사장이라는 말이다. 제사장이 누구인가? 제사장은 무엇을 하는 사람인가?

제사장은 제사를 드리는 사람이다. 구약시대에 죄를 용서받기 위하여 필요한 제사의 3요소가 있다. 바로 제사장과 제물과 성전이다. 제사장이 제물을 가지고 성전에서 제사를 드려야 지은 죄를 용서받을 수 있다. 이렇게 제사를 드릴 때 하나님이 그 제사를 받으시면 지은 죄를 용서 받게 된다.

그러니까 정리를 해 보면, 예수님은 그리스도로서 '삼중직'을 가지고 계신다. 즉 예수님은 제사장이시고 선지자이시고 왕이시다. 뿐만 아니라 제사에 성공하려면 제사의 3요소가 있는데, 제사장과 제물과 성전이다. 이 제사의 3요소 역시 예수님이 모두 성취하셨다.

예수님은 제사장이시다. 히브리서 2장 17절, "그러므로 그가 범사에 형제들과 같이 되심이 마땅하도다 이는 하나님의 일에 자비하고 신실한 대제사장이 되어 백성의 죄를 속량하려 하심이라" 또 히브리서 3장 1절, "그러므로 함께 하늘의 부르심을 받은 거룩한 형제들아 우리가 믿는 도리의 사도이시며 대제사장이신 예수를 깊이 생각하라"

히브리서에는 이렇게 예수님께서 대제사장이라는 말씀이 10번 이상 나온다. 예수님이 대제사장이 되신 이유는 분명하다. 즉 자기 백성의 죄를 속량하려 하심이라고 말씀한다. 따라서 하나님의 백성들은 어떻게 해야 하나? 우리의 대제사장이신 예수님을 깊이 생각할 줄 알아야 한다. 대제사장이신 예수님이 감당한 사역이 무엇인지, 그 사역이 하나님의 백성들인 우리와 어떤 관련이 있는지를 성경을 통해서 분명히 알아야 한다. 그래야 우리의 죄 문제를 해결할 수 있게 된다. 만약 어떤 사람이 신자라고 하면서 대제사장이신 예수님이 무엇을 했는지, 또 그것이 우리와 어떤 관련이 있는지를 전혀 알지 못한다면 실로 안타까운 일이다.

구약의 제사장들과 달리 예수님은 완벽한 제사장이시다. 구약의 제사장들은 정년이 있었다. 나이가 들면 다시 다른 사람으로 바뀌었다. 그러나 예수님은 마지막 대제사장이시다. 왜냐하면 예수님이 제사를 완성시키셨기 때문이다. 더 이상 대제사장이 필요 없게 되었다. 예수님이 제사장의 기능을 완성시키셨기 때문이다.

뿐만 아니라 예수님은 친히 제물이 되셨다. 구약 제사에서 제물은 반드시 필요했다. 레위기에 보면 대표적인 제사 5가지가 나오는데, 제사마다 제물이 다양하다. 주로 소나 양이 제물로 드려졌고 비둘기나 곡식도 제물로 드려졌다.

구약의 제사에서는 각 제사 때마다 제물이 필요했다. 먼저 사용했던 것은 다시 사용할 수 없었기 때문이다. 그런데 성경에 놀라운 이야기가 나온다. 바로 예수님이 제물이 되셨다는 말이다.

요한복음 1장 29절이다. "이튿날 요한이 예수께서 자기에게 나아오심을 보고 이르되 보라 세상 죄를 지고 가는 하나님의 어린 양이로다" 세례 요한이 증언하고 있다. 예수님이 세상 죄를 지고 가는 하나님의 어린 양이라고 선포하고 있다.

요한일서 2장 2절에서도, "그는 우리 죄를 위한 화목 제물이니 우리만 위할 뿐 아니요 온 세상의 죄를 위하심이라"고 말씀한다.

히브리서 9장 26절에도, "그리하면 그가 세상을 창조한 때부터 자주 고난을 받았어야 할 것이로되 이제 자기를 단번에 제물로 드려 죄를 없이 하시려고 세상 끝에 나타나셨느니라"

이렇게 예수님은 친히 제물이 되셔서 영원한 제사를 단번에 드리셨다. 죄가 없는 예수님 몸을 제물 삼으셨으므로 완전한 제물이 되신 것이다.

제사장이며 제물이신 예수님은 또한 성전이 되셨다.

너무나 놀라운 이야기이다. 예수님이 성전이 되셨다는 의미는 너무 중요하다.

요한복음 2장 19-21절에서 이렇게 말씀한다.

"¹⁹ 예수께서 대답하여 이르시되 너희가 이 성전을 헐라 내가 사흘 동안에 일으키리라 [20] 유대인들이 이르되 이 성전은 사십육 년 동안에 지었거늘 네가 삼 일 동안에 일으키겠느냐 하더라 [21] 그러나 예수는 성전 된 자기 육체를 가리켜 말씀하신 것이라 [22] 죽은 자 가운데서 살아나신 후에야 제자들이 이 말씀하신 것을 기억하고 성경과 예수께서 하신 말씀을 믿었더라"

예수님이 성전에서 장사하는 사람들을 내쫓으시자 사람들이 항의했다. 이런 행동은 성전에서 장사하는 것을 꾸짖는 행동이기도 하지만, 더 중요한 사실은 기존 성전의 종말을 선언하는 것이었다. 사람들은 예수님께 질문했다. 예수님이 성전의 기능을 그렇게 무시한다면 성전에 대한 무슨 표적을 보일 수 있느냐고 말이다. 그 대답으로 하신 말씀이 본문이다. 즉 '내가 새로운 성전이라'는 것이다.

예수님이 십자가에서 죽으시고 3일 동안 자기 몸으로 성전을 지으신 것이다. 왜냐하면 이 예수님 성전이야말로 우리 성도들이 영원히 거할 집이기 때문이다. 예수님 성전에서 영원히 살 사람들은 그들도 반드시 성전이 되어야 한다.

이런 이유로 예수님을 믿는 성도들도 '성전'이라 부른다. 고린도전서 3장 16절에, "너희는 너희가 하나님의 성전인 것과 하나님의 성령이 너희 안에 계시는 것을 알지 못하느냐"고 말씀하신다. 놀라운 이야기다. 성전된 예수님은 예수님을 믿는 우리 성도들이 영원히 살 집이다. 또 성전된 성도들도 예수님이 영원히 살 집이 된다.

하나님은, 예수님 성전은 이미 완성이 되었고 성도 성전은 아직 완성되지 않았다고 말씀하신다. 그래서 에베소서 2장 19-22절에서 이렇게 말씀하신다.

"[19] 그러므로 이제부터 너희는 외인도 아니요 나그네도 아니요 오직 성도들과 동일한 시민이요 하나님의 권속이라 [20] 너희는 사도들과 선지자들의 터 위에 세우심을 입은 자라 그리스도 예수께서 친히 모퉁잇돌이 되셨느니라 [21] 그의 안에서 건물마다 서로 연결하여 주 안에서 성전이 되어 가고 [22] 너희도 성령 안에서 하나님이 거하실 처소가 되기 위하여 그리스도 예수 안에서 함께 지어져 가느니라"

교회의 목적이 무엇인가? 단연코 성전 건축이다. 즉 복음 전도를 통하여 예수님을 믿는 성도들의 수가 늘게 하는 것이다. 하나님이 정하신 그 숫자가 찰 때, 예수님이 재림하신다.

이렇게 제사장이신 예수님이 자신을 제물삼고 성전된 자신 안에서 하나님께 완벽하고 영원한 제사를 드림으로 예수님을 믿는 모든 성도들의 죄를 용서해 주실 수 있게 되었다.

골로새서 2장 13절에, "또 범죄와 육체의 무할례로 죽었던 너희를 하나님이 그와 함께 살리시고 우리의 모든 죄를 사하시고"라고 했는데, 이 말씀의 의미가 그것이다.

●●예수님 제사장의 능력(13절)

이 놀라운 복음을 믿을 때 성도들은 죄 용서를 받는다. 그렇다면 어떤 죄를 어떻게 용서받는가? 모든 죄를 용서받는다. 예수님을 믿을 때 놀라운 은혜가 임한다. 다른 방법으로는 죄 용서가 없다. 오직 제사장으로 제물 되셔서 성전된 자신의 몸 안에서 드려진 예수님을 믿을 때에만 죄를 용서 받을 수 있다. 그 죄는 우리가 이미 지은 죄를 포함한다. 과거의 모든 죄를 용서 받는다. 현재의 죄도 용서받는다. 미래의 죄도 용서받는다. 요한일서 1장 7절이다.

"그가 빛 가운데 계신 것 같이 우리도 빛 가운데 행하면 우리가 서로 사귐이 있고 그 아들 예수의 피가 우리를 모든 죄에서 깨끗하게 하실 것이요" 할렐루야!

물론 중요한 조건이 있다. 예수님을 믿는다는 조건이다. 이 조건 속에는 회개도 들어 있다. 회개의 가장 중요한 의미는 자신의 죄를 인정하는 것이다. 죄를 범할 때마다 인정하는 것이다. 뿐만 아니라 그 자리에서 돌이키는 것이 회개다.

요한일서 1장 9절이다.

"만일 우리가 우리 죄를 자백하면 그는 미쁘시고 의로우사 우리 죄를 사하시며 우리를 모든 불의에서 깨끗하게 하실 것이요"

원래 죄를 자백하는 회개 자체에 어떤 죄 용서의 능력이 있는 것은 결코 아니다. 회개는 자신의 죄인됨을 인정하고 돌이키는 것이다. 죄 용서의 능력은 오직 예수님의 공로에 기인한다. 어떤 공로인가? 친히 제사장 되시고 친히 제물 되시고 친히 성전되셔서 하나님 앞에 드린 제사의 공로다. 예수님은 이 제사를 드리려고 십자가에서 못 박혀 죽으시고 삼일 만에 부활하신 것이다.

제사장이신 예수님의 십자가 죽으심으로 우리의 모든 죄가 용서 받았다. 더 구체적으로 말하면 죄와 관련된 모든 것으로부터 해방이 된 것이다. 제사장으로 제물이 되시고 성전되신 예수님의 십자가 죽음과 부활이 가져온 죄로부터의 해방이다.

하나씩 간단히 살펴보자.

첫째로 죄책감으로부터 해방되었다.

로마서 8장 1-2절이다.

"¹ 그러므로 이제 그리스도 예수 안에 있는 자에게는 결코 정죄함이 없나니 ² 이는 그리스도 예수 안에 있는 생명의 성령의 법이 죄와 사망의 법에서 너를 해방하였음이라"

히브리서 4장 16절과 10장 19-20절도 같은 말씀이다.

죄책감으로 고통받는 수많은 사람들이 있다. 만일 내가 예수님을 믿는데도 죄책감으로 고통받고 있다면 속고 있는 것이다. 예수님의 십자가 죽음을 헛되게 하는 일이다.

둘째로 죄의 형벌로부터 해방되었다.
요한복음 5장 24절이다.

"내가 진실로 진실로 너희에게 이르노니 내 말을 듣고 또 나 보내신 이를 믿는 자는 영생을 얻었고 심판에 이르지 아니하나니 사망에서 생명으로 옮겼느니라"

로마서 5장 9절, 6장 23절, 갈라디아서 3장 13절에서도 같은 말씀을 한다. 한마디로 예수님을 믿을 때 지옥에 가지 않는다.

셋째는 죄의 능력과 존재로부터 해방되었다.
로마서 6장 14-15절이다.

"[14] 죄가 너희를 주장하지 못하리니 이는 너희가 법 아래에 있지 아니하고 은혜 아래에 있음이라 [15] 그런즉 어찌하리요 우리가 법 아래에 있지 아니하고 은혜 아래에 있으니 죄를 지으리요 그럴 수 없느니라"

우리가 법 아래 있지 않고 은혜 아래 있음으로 이제는 죄가 우리를 주장하지 못한다고 말씀하신다. 사탄이 죄를 이용하여 우리를 노예 삼으려 할 때, 예수님처럼 "사탄아 물러가라"고 선포하면 사탄은 물러간다.

죄가 그 능력을 상실한다. 이런 능력이 예수님을 믿을 때 우리에게 주어진다. 히브리서 2장 14-15절이다.

"[14] 자녀들은 혈과 육에 속하였으매 그도 또한 같은 모양으로 혈과 육을 함께 지니심은 죽음을 통하여 죽음의 세력을 잡은 자 곧 마귀를 멸하시며 [15] 또 죽기를 무서워하므로 한평생 매여 종노릇 하는 모든 자들을 놓아 주려 하심이니"

예수님의 죽음을 통하여 죄의 조성자인 마귀가 멸망당하게 되었다. 이제 마귀는 성도들을 죄의 종으로 삼지 못한다. 예수님을 믿는 성도들이 예수님의 이름으로 선포할 때 마귀가 도망친다. 죄가 도망친다.

정상적인 성도는 이 축복을 누리며 살아간다.

어떻게 누리는가? 바로 고백을 통하여 누린다. '삼중직'을 소유하신 예수님, 특히 제사장으로서 제물과 성전이 되셔서 십자가에서 죽으심으로 완벽한 제사를 드리신 예수님을 믿음으로 이 축복을 누린다. 죄 용서의 영광을 누린다. 죄책감과 죄의 형벌과 죄의 능력과 존재로부터 해방의 능력을 누리며 살아간다.

"예수님 내가 주님을 믿습니다."

"예수님이 내 인생의 목적이며 전부임을 믿습니다. 예수 죽음 내 죽음, 예수 부활 내 부활임을 믿습니다. 삼동을 믿습니다."라고 고백할 때 죄로부터의 해방을 누리며 살아간다. 우리의 집 되신 예수님 안에서 살아간다. 예수님은 당신의 집인 우리 안에 오셔서 우리와 함께 살아간다.
이런 성도에게 요한복음 15장 7절의 복이 임한다.

"너희가 내 안에 거하고 내 말이 너희 안에 거하면 무엇이든지 원

하는 대로 구하라 그리하면 이루리라"

이것이 믿음생활이다.

●●나오며

'예수는 그리스도'(행 5:42)이시다. 이 진리는 경배와 찬양의 제목이다.

예수님의 '삼중직'에 대한 경배와 찬양을 실제로 하자.

제사장 되심을 찬양하자. 선지자 되심을 찬양하자. 왕 되심을 찬양하자.

그렇다. 예수님의 제사장 되심은(히 3:1) 경배와 찬양의 제목이다.

예수님은 제사장으로서 제사의 '3요소'를 다 이루셨다.

제사의 3요소는 '제사장, 제물, 성전'이다.

예수님은 친히 제사장이셨고, 제물이셨고, 성전이셨다. 이것은 경배와 찬양의 제목이 된다.

예수님은 이 제사의 3요소를 충족하심으로 친히 제사장으로, 제물로, 성전으로 제사를 드리셨다. 예수님이 십자가에서 죽으셨을 때 완벽한 제사가 하나님께 드려졌다. 하나님 아버지께서 그 제사를 기쁘게 받으셨다.

십자가에서 죽으신 예수님은 3일 후에 부활하셨다. 3일 동안 새로운 성전을 지으신 것이다. 그것은 창조 사건에 근거한 것이다. 여기 성전 건축의 신비가 등장한다. 예수님을 기초 돌로, 모퉁이 돌을 삼아 영원한 성전이 지어지는 것이다. 예수님이 지으신 성전은 우리가 나머지 성전으로 합류할 때 완성 된 성전이 된다. 구원 받은 모든 백성들이 예수님께 합류할 때 성전 준공이 되는 것이다.

이 성전에는 죄가 없어야 한다. 그래서 예수님을 믿어 성전이 되면 죄가 없어진다. 과거 현재 미래의 모든 죄로부터 해방이 된다. 죄책감으로부터 죄의 형벌로부터 해방이 된다. 죄의 능력과 존재부터도 해방이 된다.

거룩한 예루살렘 성은 하나님이 계획하신 최후의 성전이다. 예수님이 그 성전의 기초 돌이 되고 예수님을 믿는 모든 성도들이 그 위에 벽돌이 되어 건축된 거룩한 성전이다. 거기에 죄가 없다. 거기에 영원한 생명이 있다. 하나님이 계획하신 거대한 하나님 나라의 모습이 성전이다.

이 성전에 동참하는 성도들이 되자.

〈토의 문제〉

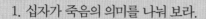

1. 십자가 죽음의 의미를 나눠 보라.

2. '예수 그리스도'와 '그리스도 예수'에 대하여 나눠 보라.

3. 그리스도와 '삼중직'에 대하여 나눠 보라.

4. 제사의 3요소에 대하여 나눠 보라.

5. 모든 죄로부터의 해방에 대하여 나눠 보라.

3
예수 그리스도 - 선지자 (골 2:12-14)

골로새서 2장 12절 말씀은 기독교 신앙의 기본이자 골격이다.

"너희가 세례로 그리스도와 함께 장사되고 또 죽은 자들 가운데
서 그를 일으키신 하나님의 역사를 믿음으로 말미암아 그 안에서
함께 일으키심을 받았느니라"

무슨 말씀인가? 예수님을 믿는 성도들이 예수님과 함께 장사되고 예
수님과 함께 부활했다고 말씀한다. 하나님의 말씀인 성경 안에서 가장
비중 있게 다루는 말씀이다. 성도의 죽음과 부활은 전능하신 하나님이
신 예수님이 십자가에 못 박혀 죽으시고 삼일 만에 부활하신 사실에 근
거한다.

그래서 예수님 죽음이 나의 죽음이 된다.

예수님 부활이 나의 부활이 된다.

이 예수님이 누구신가? 바로 그리스도이시다.

예수님은 이름이다. 예수님이라는 이름의 의미는 '자기 백성을 죄에서 구원하시는 분'이다.

그리스도는 '기름을 붓다'라는 의미다. 구약시대에 하나님은 중요한 세 가지 직분에 대하여 기름을 부어 일꾼을 세우셨는데, 제사장과 선지자와 왕이다.

골로새서 2장 13절은, 12절에 근거하여 예수님이 그리스도의 '삼중직' 중 하나인 제사장이심을 말씀한다.

이어서 14절은 역시 12절에 근거하여 예수님이 그리스도의 '삼중직' 중 하나인 선지자이심을 말씀한다.

이 시간에 선지자에 대하여 살펴봄으로 은혜를 나누고자 한다. 제사장이 제사와 관련된 일을 통하여 구원의 역사를 이루는데 반하여 선지자는 율법과 관련하여 구원의 사역에 참여한다.

●●율법을 주신 하나님

일반적으로 법이라는 말을 들으면 좀 딱딱하다는 느낌이 든다. 또 법이라는 것은 집행하는 과정에서 문제가 생길 때가 많다. '무전 유죄, 유전 무죄'라는 말이 뜬금없는 말이 아니라는 것이 일반 사람들의 생각이다. 우리는 어떻게 생각하는가? 정말 '유전 무죄, 무전 유죄'라는 말이 맞는가?

주위에 착하고 성실한 사람을 보면 하는 말이 있다. '법 없이도 살 사람'이라는 말이다. 이 말 속에는 중요한 의미를 함유하고 있다. 착하지 않고 성실하지 않은 사람은 법이 있어야 살 수 있다는 말인가? 그렇다. 법이 있어야 살 수 있다는 말이다. 착하고 성실한 사람을 '법 없이도 살 사람'이라고 말하는 순간, 그렇지 않은 사람에게는 법이 반드시 있어야 한다는 말이다. 우리가 스스로 생각해 보자. 우리는 '법 없이도 살 사람'인가? 아니면 법이 꼭 필요한 사람인가?

성경적으로 보면, '법 없이도 살 사람'은 한 사람도 없다. 왜냐하면 하나님 보시기에 모두 착하지 않고 성실하지 않기 때문이다. 물론 처음부터 그런 것은 아니었다.

하나님은 최초의 인류에게 법을 주셨다. 하나님의 형상과 모양대로 창조하시고 하나님이 정하신 법대로 살도록 하셨다. 이때는 인간이 악하고 문제가 있어서 법을 주신 것이 아니다. 원래 하나님께서 법을 주셨을 때는 인간의 행복과 영광을 위하여 주셨다. 방금 말한 그런 인간의 부족함 때문에 주신 것이 아니다. 법이 있어야 살 수 있는 사람들이었기 때문에 법을 주신 것은 아니다.

그렇다면 성경에 나오는 최초의 법은 무엇인가?

그것은 생육하고 번성하여 땅에 충만하라는 법이었고 땅을 정복하고 다스리라는 축복의 법이었다. 아울러 동산 각종나무의 실과를 마음대로 먹되 선악과는 먹지 말라는 법이었다. 이 법은 축복이었다. 영광이었다. 왕처럼 살 수 있는 축복의 법이었다. 하나님의 형상과 모양대로 인간을 창조하시고 하나님이 가지고 계시던 영광을 경험하고 누리도록 하려는 하나님의 사랑이었다.

하지만 우리가 잘 알다시피 인류의 시조인 아담과 하와는 하나님이 주신 축복을 발로 차버렸다. 축복의 원천인 법을 오해하여 스스로를 노예로 만들었다. 이렇게 되는 데는 사탄의 간교한 역할이 있었다. 사탄은 아담과 하와를 유혹하여 하나님의 복을 발로 차도록 이끌었다. 사탄은 하나님의 축복을 축복이 아니라고 아담과 하와를 설득했다. 이 설득에 넘어간 아담과 하와는 하나님의 복을 거부하고 저주를 자청했다. 선악과를 먹은 아담과 하와는 선악의 개념을 알게 되는 저주를 짊어지게 되었다.

아담과 하와가 선악과를 먹기 전의 상태는 어떤 상태였는가? 간단하다. 하나님은 6일 동안 세상을 창조하시면서 반복해서 하신 말씀이 있었다. 그것은 '보시기에 좋았더라'다. 하나님이 창조하신 모든 것이 보시기에 좋은 것은 진리다. 그러나 사탄의 유혹을 받아 선악과를 따먹은 아담과 하와가 어떻게 변했는가? 보시기에 좋은 것에 대하여 선악의 잣대를 들이대기 시작한 것이다. 선악과를 먹기 전에는 아담과 하와도 하나님과 하나님의 창조물에 대하여 '보시기에 좋았더라'는 평가를 내렸었다. 하지만 선악과를 먹은 다음에는 그렇게 평가하지 않았다. 어떤 것은 좋은데, 어떤 것은 좋지 않다는 평가를 내린 것이다.

불신자가 누구인가? 선악과 따먹은 상태에서 하나님과 하나님이 하시는 일에 대하여 어떤 것은 선하고 어떤 것은 악하다고 평가하는 사람이다. 범사를 감사하지 않는다. 범사를 주관하시는 하나님의 주권을 인정하지 않는다. 자기 소견에 옳은 대로 선과 악의 잣대를 들이댄다.

신자가 누구인가? 하나님과 하나님이 하시는 일을 인정하는 사람이다. 하나님은 모든 것을 선하게 이끌고 계신다는 확신을 하는 사람이다. 그래서 범사에 감사한다. 자신의 생각에 맞지 않아도 일단 감사한다.

불신자들이 신자들의 모습을 보면 딱하다고 한다. 자기 생각이 없다고 한다. 맞는 말일 수도 있다. 우리는 하나님이 아니기 때문에 모든 생각을 주님께 복종시키기 때문이다.

고린도후서 10장 4-5절이다.

"⁴ 우리의 싸우는 무기는 육신에 속한 것이 아니요 오직 어떤 견고한 진도 무너뜨리는 하나님의 능력이라 모든 이론을 무너뜨리며 ⁵ 하나님 아는 것을 대적하여 높아진 것을 다 무너뜨리고 모든 생각을 사로잡아 그리스도에게 복종하게 하니"

성도도 스스로 생각한다. 하지만 예수님께 그 생각을 검사 받는다. 불신자 역시 스스로 생각하면서 살아간다. 하지만 그 누구에게도 자신의 생각을 검사받지 않는다. 자신이 옳으면 옳은 것이고 자신이 생각할 때 옳지 않으면 옳지 않은 것이다. 성도는 그렇지 않다. 내 생각이 옳고 주님께 검사받아 옳으면 그대로 한다. 하지만 내 생각이 옳은 것 같아도 주님께 검사받아 보니까 문제가 있으면 내 생각을 버린다. 이것이 예수님이 말씀하시는 '자기 부인'이다. 누구든지 예수님을 따라 오려거든 자기를 부인하고 자기 십자가를 지고 따라오라는 말씀의 의미이다.

하나님의 축복의 법을 깨뜨린 인류를 하나님이 어떻게 하셨는가?

놀라운 사랑을 계속 베풀어 주시기로 하셨다. 하나님은 계속해서 축복의 법을 주셨다. 바로 애굽에서 400년 간 종살이하고 나온 백성들에게 주신 것이다. 즉 모세를 시내산으로 불러 올려서 주신 율법이다. 그 율법의 핵심은 십계명이다. 나머지 법은 십계명을 더 귀하게 만드는 법들이라 할 수 있다. 이 모든 법들을 한마디로 표현하여 율법이라 한다.

십계명 비롯한 율법 역시 축복의 법이다. 아담과 하와에게 주셨던 법이 타락 전의 법이었다면, 십계명은 타락 후에 주신 축복의 법이다. 성도들은 특별히 이 열 개의 계명을 가슴에 새겨야 한다. 왜냐하면 하나님이 주신 축복이 고스란히 담겨 있기 때문이다. 그래서 외워야 한다. 외우고 지키기를 사모해야 한다.

이 율법은 이스라엘 백성들이 애굽에서 종살이 할 때 주시지 않았다. 애굽에서 탈출하여 광야에 있을 때, 특별히 모세를 시내산으로 불러 올려 주셨다. 이 말은 율법이 구원의 조건으로 주신 것이 아니라는 의미이다. 만일 율법이 구원의 조건이었다면 애굽에서 종살이 할 때 확답을 받고 주셨어야 했다. 그러나 일단 애굽으로부터 구원하여 내신 다음에 주셨다.

하나님께서 이스라엘 백성들에게 축복하시기 위하여 율법을 주신 세 가지 이유가 있다.

● ●율법의 첫 번째 목적은 구원 백성의 삶의 원리로 주셨다.

여호수아 1장 7-9절이다.

"⁷ 오직 강하고 극히 담대하여 나의 종 모세가 네게 명령한 그 율법을 다 지켜 행하고 우로나 좌로나 치우치지 말라 그리하면 어디로 가든지 형통하리니 ⁸ 이 율법 책을 네 입에서 떠나지 말게 하며 주야로 그것을 묵상하여 그 안에 기록된 대로 다 지켜 행하라 그리하면 네 길이 평탄하게 될 것이며 네가 형통하리라 ⁹ 내가 네게 명령한 것이 아니냐 강하고 담대 하라 두려워하지 말며 놀라지 말라 네가 어디로 가든지 네 하나님 여호와가 너와 함께 하느니라 하시니라"

하나님은 백성들에게 율법을 다 지켜 행하고 율법 책을 입에서 떠나지 말게 하며 주야로 그것을 묵상하며 살라고 말씀하신다. 그렇다. 하나님이 율법을 주신 목적은 백성들이 이 율법을 지킴으로 하나님의 영광에 동참하게 하려 함이었다. 따라서 다른 민족들과 달리 이스라엘 백성들은 율법이라는 분명한 삶의 방향이 있었다.

이것은 오늘 성도들에게도 진리다. 우리가 예수님을 믿어 하나님의 자녀가 되었다면 이 율법을 사랑해야 한다. 순종해야 한다. 십계명을 비롯한 하나님의 법을 알고 순종해야 한다.

● ●율법의 두 번째 목적은 죄를 깨닫기 위함이다.

예수님을 믿어 성령으로 거듭나면 하나님의 법인 율법을 사랑하게 된다. 이스라엘 백성들은 하나님이 주신 율법을 순종하려고 많은 노력을 했다. 탈무드나 미드라쉬 같은 책들은 율법의 해석서라 할 수 있다. 어떻게 하면 십계명을 비롯한 율법을 하나님의 뜻대로 순종할 수 있는지를 설명해 놓은 책들이다.

그런데 이스라엘 백성들은 율법을 지키는데 문제가 있음을 깨닫게 되었다. 하나님이 주신 율법에는 전혀 문제가 없는데 그 율법을 지켜야 하는 자신들에게 문제가 있음을 말이다. 한마디로 하나님의 율법을 온전히 지킬 수 없음을 알게 된 것이다. 이스라엘 사람들은 율법을 600개가 넘는 세부 사항으로 나눴다. 해야 할 것, 하지 말아야 할 것으로 분류했다. 그러다보니 문제가 생겼다. 하라고 하는 말씀들을 순종하는 것에서 말이다. 하지 말라는 것은 일단 가만히 있으면 어느 정도 지키는 것이 된다. 하지만 하라는 말씀은 가만히 있어도 그 율법을 어기게 된다.

다시 말해서 인간은 율법을 온전히 지킬 수 없다는 것이 드러났다.

사실 하나님이 시내 산에서 모세에게 율법을 주실 때 함께 주신 것이 있었다. 그것은 바로 성막 설계도였다. 성막의 기능이 무엇인가? 죄 문제를 해결하는 것이다. 하나님은 완전한 축복의 율법을 주시면서 백성들이 온전히 지키지 못할 것을 아시고 율법과 함께 성막설계도도 함께 주신 것이다.

로마서 3장 19-20절이다.

"[19] 우리가 알거니와 무릇 율법이 말하는 바는 율법 아래에 있는 자들에게 말하는 것이니 이는 모든 입을 막고 온 세상으로 하나님의 심판 아래에 있게 하려 함이라 [20] 그러므로 율법의 행위로 그의 앞에 의롭다 하심을 얻을 육체가 없나니 율법으로는 죄를 깨달음이니라"

그렇다. 하나님이 축복의 율법을 주신 이유는 진정한 축복을 받을 그릇으로 성도를 준비시키는 것이다. 율법을 지켜야 하나님의 온전한 축복을 받는다. 그러나 하나님의 율법을 온전히 지킬 수 있는 사람이 하나도 없다는 사실이다.

율법을 지킬 때 하나님이 예비하신 영광의 축복에 동참한다. 그러나 축복을 위해서 주신 율법이 오히려 저주를 가져오게 되었다. 그렇다면 하나님께서 어떤 계획이 있으셨는가? 그것이 바로 율법의 세 번째 목적이다.

●●율법의 세 번째 목적은 우리를 예수님께 인도하기 위함이다.

우리가 율법을 삶의 원칙으로 지키게 되면 반드시 우리가 죄인이라는 사실을 알게 된다. 그것을 아는 순간 하나님은 그 율법을 통하여 우리를 예수님께 데리고 간다는 사실이다.

갈라디아서 3장 23-25절이다.

"²³ 믿음이 오기 전에 우리는 율법 아래에 매인 바 되고 계시될 믿음의 때까지 갇혔느니라 ²⁴ 이같이 율법이 우리를 그리스도께로 인도하는 초등교사가 되어 우리로 하여금 믿음으로 말미암아 의롭다 함을 얻게 하려 함이라 ²⁵ 믿음이 온 후로는 우리가 초등교사 아래에 있지 아니하도다"

율법의 세 번째 목적은 율법의 핵심 역할을 말씀하고 있다. 즉 율법은 우리를 예수님께 인도하는 초등교사의 역할을 한다고 말씀한다. 초등교사는 대학교수와 다르다. 대학교수는 학생들에게 '콩이니 팥이니' 하고 세세하게 가르치지 않는다. 주로 학생들에게 원리를 설명하고 스스로 학습할 수 있도록 지도한다. 그러나 초등교사는 그렇게 하지 않는다. 왜냐하면 아이들이 어리기 때문에 세세하게 가르쳐줘야 한다. 바로 율법이 그런 역할을 한다는 것이다. 죄인된 우리가 예수님께 어떻게 가는지를 자세하게 가르쳐주는 역할을 율법이 한다는 말이다. 그래서 율법을 공부하다 보면, 모든 율법이 우리를 예수님께 인도하는 것을 볼 수 있다.

●●선지자가 되셔서 우리 대신 율법을 지켜주신 예수님

따라서 우리는 율법을 알아야 한다. 율법을 자세히 안다는 말은 예수님께 그만큼 더 잘 나아갈 수 있음을 뜻한다. 만일 성도가 신앙생활을 하면서 율법을 잘 모르면 예수님께 나아갈 수 없다. 예수님께 잘 나아가기 위해서는 우리를 예수님께 한 걸음 한 걸음 정확하게 인도하는 율법을 알아야 한다. 그 율법의 원리를 알아야 한다. 그래야 율법이 우리를 예수님께 데리고 간다. 율법의 원리를 잘 모르면 율법을 보고도 예수님께 가지 않는다. 아니 갈 줄 모른다. 그 대표적인 사람들이 유대인들이다.

유대인들은 율법을 오해했다. 율법의 목적을 오해했다. 그들은 율법의 목적을 오직 첫 번째 것으로만 보았다. 즉 하나님의 백성들의 삶의 원리로만 보았다. 그런 이유로 그들은 율법을 지키는 일에 혼신의 힘을 다 쏟았던 것이다. 이런 자세는 우리가 철저하게 본받아야 한다. 하나님께서 기뻐하시는 자세다. 하지만 그들은 거기서 멈췄다. 율법의 세 가지 목적을 몰랐기 때문이다. 두 번째 세 번째로 나아가야 했는데, 첫 번째에서 멈췄던 것이다. 유대인들은 지금도 마찬가지다. 율법은 하나님의 백성들의 삶의 원칙으로만 주셨다고 믿는다. 그래서 그렇게 살려고 애를 쓴다. 몸부림친다.

하지만 이 땅에 오신 예수님은 유대인들을 책망하셨다. 마태복음 22장 29절에서 예수님은 이렇게 말씀하셨다. "예수께서 대답하여 이르시되 너희가 성경도, 하나님의 능력도 알지 못하는 고로 오해하였도다." 여기서 예수님이 말씀하시는 성경은 율법을 뜻한다. 유대인들은 자신들이 하나님이 주신 율법을 다 지켜 행하고 있다고 자신했다. 예수님은 율법을 지켜야 한다고 말씀하면 자신들은 어려서부터 모든 율법을 다 지켰다고 자신 있게 대답하곤 했다. 하지만 예수님은 강하게 책망하셨다. 성경도 하나님의 능력도 알지 못하고 있다고 책망하셨다. 왜냐하면 율법의 목적은 인간들이 죄인이라는 사실을 깨닫게 하시려고 주셨기 때문이다. 죄인 됨을 깨닫고 그 죄를 해결해주시는 선지자 되시는 예수님께 나아오게 하려고 율법을 주셨는데, 첫 번째 목적에서 멈춰서 두 번째 세 번째로 나아가지 않았기 때문이다. 더 쉽게 말하면 이 세상에 율법을 온전히 지킬 수 있는 사람이 한 사람도 없는데, 유대인들은 자신들이 모든 율법을 잘 지키고 있다고 잘못된 확신을 하면서 살아가고 있었기 때문이다. 이 세상에서 하나님이 주신 율법을 온전히 지킬 수 있는 유일한 사람, 또 자신들을 위하여 율법을 대신 지켜주실 유일한 사람이 자신들에게 오셨는데도 그들은 모르고 있었다.

예수님은 이 땅에 선지자로 오셨다.

하나님은 예수님을 이 땅에 선지자로 보내실 것을 미리 말씀하셨다. 구약시대 성경에 나오는 선지자의 사명은 하나님의 말씀을 하나님의 백성들에게 전하는 것이다. 또 그 말씀을 잘 지킬 수 있도록 도와주는 역할을 한다. 하나님은 구약시대의 모세에게 중요한 말씀을 주셨다.

신명기 18장 15절이다.

"네 하나님 여호와께서 너희 가운데 네 형제 중에서 너를 위하여 나와 같은 선지자 하나를 일으키시리니 너희는 그의 말을 들을지니라"

하나님은 구약시대에 수많은 선지자를 보내셨다. 그러나 여기 모세가 말씀하는 선지자, 즉 "나와 같은 선지자를 일으키신다"는 말씀은 예수님을 뜻한다. 예수님을 이 땅에 모세와 같은 역할을 하는 선지자로 보내실 것을 예수님 오시기 1,500년 전에 말씀하신 것이다. 왜냐하면 율법을 지키지 못하여 하나님 앞에서 저주를 받아야 하는 하나님의 백성들을 구원하시기 위하여 하나님은 예수님을 선지자로 보내셨다.

누가복음 13장 33절에 보면, "그러나 오늘과 내일과 모레는 내가 갈 길을 가야 하리니 선지자가 예루살렘 밖에서는 죽는 법이 없느니라"고 예수님이 말씀하신다. 여기서 예수님은 자신이 선지자이심을 직접 말씀하신다.

오늘 본문인 골로새서 2장 14절은 선지자로 오신 예수님이 하신 일에 대하여 뭐라고 말씀하시는가? "우리를 거스르고 불리하게 하는 법조문으로 쓴 증서를 지우시고 제하여 버리사 십자가에 못 박으시고"라고 말씀한다. 여기 말씀하는 내용이 율법이다. 이 율법은 우리를 거스른다. 율법이 잘못되었기 때문이 아니라 우리가 '율법을 지킬 능력이 없다'는 말이다. 또 이 율법은 우리를 불리하게 한다. 당연하다. 예수님이 하신 일은 우리를 거스르고 불리하게 하는 법조문으로 쓴 증거, 다시 말하면 율법을 지우시고 제하여 버리사 십자가에 못 박았다고 말씀한다. 이 말씀은 이제 구약에서 주신 거룩한 율법이 우리와 상관없는 법이 되었다는 의미이다. 다시 말해서 예수님을 믿는 성도들에게는 율법의 역할이 바뀌었다는 말씀이다.

어떻게 바뀌었는가? 예수님을 믿으면 그 율법을 온전히 지킨 것으로 인정되는 것으로 바뀐 것이다. 이것이 복음이다. 기쁜 소식이다. 아니 성도가 율법을 온전히 지키는 방법은 이 방법밖에 없다. 선지자이신 예수님을 믿는 방법이 유일한 방법이다. 예수님을 믿음으로 예수님이 지키신 율법의 효력이 우리에게도 임해서 우리도 지키는 것으로 하나님이 인정하시는 것이 최고의 기쁜 소식이다.

그런데 유대인들은 어떻게 했는가? 자신들 나름대로 율법을 지켜놓고 그 율법을 다 지키고 있다고 자신만만해 했으니 예수님이 책망하신 것이다.

이런 오해를 바로잡기 위하여 예수님이 마태복음 5장부터 7장까지 말씀을 주신 것이다. 그것을 산 위에서 하신 말씀이기에 '산상수훈'이라 부른다. 산상수훈은 율법 즉 십계명의 재해석이다. 겉으로 순종하는 것은 물론 마음으로까지 100% 순종해야 온전한 율법준수임을 말씀하고 있다. 예를 들어, 제7계명을 제대로 지키기 위해서는 실제로 간음해도 안 되지만 마음으로도 간음하면 안 된다고 말씀하셨다. 이런 예수님의 가르침에 유대인들은 반발했다. 왜냐하면 예수님께서 자신들에게 율법을 지키지 않는 악한 죄인들이라 공격했기 때문이다.

예수님은 이 땅에 오셔서 우리가 율법을 온전히 지키지 못하는 죄 때문에 십자가에서 못 박혀 죽으셨다. 예수님이 십자가에서 못 박혀 죽으시면서 마지막으로 하신 말씀이 무엇인가? 요한복음 19장 30절이다.

"예수께서 신 포도주를 받으신 후에 이르시되 다 이루었다 하시고 머리를 숙이니 영혼이 떠나가시니라"

예수님이 죽으시면서 마지막으로 한 말씀은 '다 이루었다'이다. 무엇을 다 이루었다는 것인가? 선지자로 오신 예수님이 선지자의 사명을 다 이루셨다는 말씀이다. 다시 말해서 하나님의 백성들이 지키며 살아야하는 율법의 요구를 다 이루었다는 말씀이다.

이 땅에 살고 있는 모든 사람들은 하나님이 주신 율법의 요구에 순종해야 한다. 율법의 요구에 온전히 순종하지 않으면 누구든지 죄인이 된다. 이 땅에 태어난 사람들이 장차 하나님 앞에서 심판을 받을 것인데, 그 심판의 기준은 율법 준수 여부다. 십계명을 온전히 준수했느냐 준수하지 않았느냐.

그런데 놀라운 일이 일어난 것이다. 선지자로 오신 예수님을 믿게 될 때 율법의 요구에 온전히 순종한 효과가 나타나기 때문이다.

 '예수는 그리스도'라 할 때의 첫 번째가 '예수님이 제사장'이라는 것을 배웠다. 예수님이 제사장으로서 하나님 앞에 제사를 드리셨다. 제사의 삼 요소는 제사장과 제물과 성전이다. 즉 제사장이 제물을 가지고 성전에서 제사를 드려 하나님이 받으시면 그 제사와 관련 된 사람들의 죄가 용서 받는 것이다. 지은 죄를 위하여 하나님께 드린 제사가 받아들여지면 그 사람은 죄에 대하여 아무런 책임을 지지 않는다. 왜냐하면 제물이 대신 죄의 형벌을 받았기 때문이다. 그러므로 예수님이 우리의 제사를 대신 드려주신 제사장이심을 믿을 때 '수벌의 은혜'가 임한다 했다. 수벌의 은혜란 예수님이 우리 대신 모든 죄를 해결해 주셨음으로 우리는 그 어떤 죄의 형벌도 받지 않게 되었다는 말이다.
 이것을 모든 죄로부터의 구원이라 부른다.

 '예수는 그리스도라' 할 때의 두 번째는 예수님이 선지자라는 말이다. 예수님이 우리의 선지자로서 이 땅에 오셔서 하신 일은 우리 대신 하나님 앞에서 모든 율법을 다 지켜 주신 것이다. 따라서 우리의 선지자가 되신 예수님을 믿을 때 임하는 축복은 **'수법의 은혜'**다. 예수님이 우리 대신 율법을 다 지켜 주신 효력이 우리 믿는 성도에게 그대로 임한다는 말이다. 따라서 우리는 율법을 지킬 의무에서 벗어난다.
 이것을 율법으로부터의 구원이라 부른다.

이것에 대하여 로마서 10장 4절은 이렇게 말씀한다.

"그리스도는 모든 믿는 자에게 의를 이루기 위하여 율법의 마침이
되시니라"

●●생명의 성령의 법을 주신 예수님

선지자이신 예수님은 우리 대신 율법의 요구를 이루어 주심으로 율법
으로부터 우리를 해방시키셨다. 그런데 선지자이신 예수님이 우리에게
주시는 축복은 거기서 멈추지 않는다. 바로 우리에게 또 다른 법을 선사
해주셨다. 그 법의 이름은 '생명의 성령의 법'이다.

로마서 8장 1-2절이다.

"[1] 그러므로 이제 그리스도 예수 안에 있는 자에게는 결코 정죄함
이 없나니 [2] 이는 그리스도 예수 안에 있는 생명의 성령의 법이 죄와
사망의 법에서 너를 해방하였음이라"

만일 성도들이 선지자이신 예수님을 믿어 율법으로부터의 해방만 알
고 해방된 성도들에게 주시는 '생명의 성령의 법'을 알지 못한다면 신앙
생활은 여전히 구약의 형태를 띠게 된다. 로마서 8장 1-2절에 나오는 '죄
와 사망의 법'은 율법을 뜻한다. 율법은 '거룩한 법'인데 그 율법이 어떻

게 죄와 사망의 법이 되었는가? 바로 우리의 연약함 때문이다. 율법을 온전히 지킬 수 있는 사람은 이 세상에 예수님 외에는 한 사람도 없기 때문이다. 그래서 결과적으로 거룩한 율법이 우리에게는 죄와 사망의 법이 되어버린 것이다. 하나님께서 예수님을 통하여 우리에게 생명의 성령의 법을 주시지 않았다면 우리는 모두 율법의 저주에서 해방될 수 없다. 모두 율법의 저주에 갇혀 영원한 멸망에 처해져야 한다.

그러나 예수님이 우리에게 '죄와 사망의 법'으로부터 해방시켜 주셨다. 해방시켜 주셨을 뿐만 아니라 '생명의 성령의 법'을 주셨다.

생명의 성령의 법의 특징이 무엇인가?

로마서 8장 1절에 보면, 생명의 성령의 법 안에 있게 될 때의 분명한 특징은 '정죄함'이 없다고 말씀한다. 정죄함이 없는 이유는 생명의 성령의 법 때문이라는 말이다.

세상에서도 사람은 법을 쓸 줄 알아야 한다. 법을 사용할 줄 모르면 법을 아는 사람들에게 맨날 당한다. 그러나 법을 알면 법이 가지고 있는 혜택을 누리게 된다.

구원의 영역에서 죄와 사망의 법 즉 율법과 생명의 성령의 법 차이를 아느냐 모르느냐는 구원을 결정한다. 영혼의 구원은 물론 이 세상 살아가면서 삶의 다양한 분야에서의 구원도 결정한다. 이 두 법을 제대로 모르면 제대로 된 믿음생활이 불가능하다.

1:99의 이야기는 매우 중요하다. 하나님 없이 혼자의 힘으로 사는 사람은 평생 1의 한계를 벗어나지 못한다. 그러나 복음을 아는 사람, 하나님의 은혜를 아는 사람은 99의 능력을 덧입고 최고 100의 열매를 맺는 삶을 살아갈 수 있다.

복음의 핵심, 은혜의 핵심이 바로 '생명의 성령의 법'이기 때문이다. 예수님을 믿는다고 하면서 이 생명의 성령의 법을 알지 못하면 정말 답답하다. 1의 삶을 살면서도 전혀 모른다. 생명의 성령의 법을 모르면 필연적으로 죄와 사망의 법 아래에서 산다. 즉 율법 아래에서 산다. 세월이 흐르면서 늘어나는 것은 죄책감이다. 정죄함의 노예로 살아간다. 그러나 생명의 성령의 법을 알고 그 법에 따라 살면 생명이 나타난다. 성령님에 의하여 주어지는 예수님 부활 생명이기에 '생명의 성령의 법'이라 말씀한다.

그렇다면 구체적으로 이 법에 의하여 사는 삶은 어떤 삶인가?

우리는 율법의 세 가지 목적을 살펴보았다. 첫째는 구원 백성의 삶의 기준이었고, 둘째는 죄를 깨닫게 함이었고, 셋째는 우리를 예수님께 인도하는 것이었다. 예수님께 인도된 하나님의 백성들에게 예수님이 주시는 법이 '생명의 성령의 법'이었다.

이 생명의 성령의 법에 의하여 사는 삶에 대하여 로마서 8장 3-4절이 잘 설명한다.

"³ 율법이 육신으로 말미암아 연약하여 할 수 없는 그것을 하나님은 하시나니 곧 죄로 말미암아 자기 아들을 죄 있는 육신의 모양으로 보내어 육신에 죄를 정하사 ⁴ 육신을 따르지 않고 그 영을 따라 행하는 우리에게 율법의 요구가 이루어지게 하려 하심이니라"

즉 예수님을 믿는 성도에게 성령님을 따라 행할 때, 우리에게 '율법의 요구가 이루어진다'는 엄청난 말씀이다. 이런 삶이 바로 '생명의 성령의 법'에 따라 사는 삶이다.

이 놀라운 축복을 알고 이해해야 한다. 이 비밀을 이해해야 한다.

이 세상 사람들은 둘 중의 하나다. 한 부류는 예수님을 믿지 않고 여전히 죄와 사망의 법 안에서 살아가는 사람과 또 한 부류는 생명의 성령의 법 안에서 살아가는 사람이다.

이것은 교회를 다니는 사람에게도 적용이 된다.

예를 들어 보자.

죄와 사망의 법 안에서 사는 사람들부터 살펴보자.

10계명 중 1계명은 '나 외에 다른 신을 섬기지 말라'다. 이 말씀을 듣게 되면, 죄와 사망의 법의 원리로 이 법을 지키는 사람들은 야무진 결단을 한다. 자신의 힘과 능력으로 1계명을 기필코 최선을 다하여 지키리라 결심을 한다. 그러나 결과는 어떤가? '처절한 넘어짐'이다. 왜냐하면 불가능하기 때문이다. 2계명도 같은 원리로 지키다가 실패한다. 3계명도 마찬가지다. 나머지 계명들도 마찬가지다. 예수님을 믿는 세월이 늘어나면 늘어날수록 죄책감, 정죄감만 늘어난다. 하나님 앞에 죄인이라는 생각만 늘어날 수 밖에 없다. 예수님이 선지자로 이 땅에 오신 것에 대하여 전혀 알지 못하기 때문이다.

그러면 생명의 성령의 법 안에서 사는 사람들은 어떤가?

예수님이 이 땅에 오실 때 선지자로 오셨다는 사실을 분명히 안다. 선지자로 오셔서 우리에게 율법의 문제를 해결해 주셨으며 생명의 성령의 법을 주셔서 그 법 안에서 살아가게 하셨다는 사실을 안다. 알 뿐만 아니라 그 축복을 삶의 모든 영역에서 누린다.

만일 이 성도가 십계명 중 1계명을 지키라는 말씀을 들었다 하자. 이 성도도 역시 결단을 한다. 계명을 지켜야 한다는 사실을 알기 때문에 결단한다. 하지만 두 개의 결단을 한다. 하나는 은혜의 결단 혹은 믿음의 결단이요, 또 하나는 의지의 결단이다. 죄와 사망의 법 안에 사는 사람은 의지의 결단만 한다. 그러나 생명의 성령의 법 안에 사는 사람은 은혜의 결단을 한다. 은혜의 결단이 무엇인가? 생명의 성령의 법으로 사는 방법이다.

즉 1계명에 순종해야 한다는 말씀을 들을 때 먼저 은혜의 결단을 하나님 앞에 한다. 은혜의 결단이란, 하나님의 능력을 주시지 않으시면 제1계명을 온전히 지킬 수 없음을 고백하는 것이다. 내 힘으로는 어림도 없으니 주님께서 도와달라고, 성령님께서 능력을 주셔서 도와달라고 고백하는 것이 은혜의 결단, 믿음의 결단이다. 주님이 능력을 주시면 지킬수 있다고 고백하는 것이다.

예수님은 마가복음 9장 23절에서 이 원리를 말씀하셨다.

"예수께서 이르시되 할 수 있거든이 무슨 말이냐 믿는 자에게는 능히 하지 못할 일이 없느니라 하시니"

뭘 믿는다는 것인가? 예수님의 도움, 성령님의 도움을 믿는다는 말이다. 성령님의 도움을 받을 때 능히 지키지 못할 계명이 없다는 말이다.

사도 바울도 빌립보서 4장 13절에서 이 원리를 말씀한다.

"내게 능력 주시는 자 안에서 내가 모든 것을 할 수 있느니라"

마찬가지로 예수님의 도움을 받을 때 모든 계명을 지킬 수 있다는 말씀이다.

그러므로 생명의 성령의 법 안에 있는 사람은 언제나 성령님의 도움을 요청한다. 성령님의 도움은 기도로 요청하는 것이다. 언제 어디서나 주님께 기도로 말씀드린다. 사도 바울이 데살로니가전서 5장 17절에서 말씀하는 "쉬지 말고 기도하라"는 의미다. 따라서 쉬지 말고 하는 기도는 신바람나는 축복 자체다. 하지만 생명의 성령의 법을 모르는 이들에게 쉬지 말고 기도하라는 말은 고문과도 같은 말이다.

예수님은 요한복음 14장 21절에서 이렇게 말씀하셨다.

"나의 계명을 지키는 자라야 나를 사랑하는 자니 나를 사랑하는
자는 내 아버지께 사랑을 받을 것이요 나도 그를 사랑하여 그에게
나를 나타내리라"

여기 말씀하는 예수님의 계명이 무엇인가? 바로 생명의 성령의 법이다.
생명의 성령의 법 안에서 지키는 모든 계명, 모든 율법을 뜻한다. 생명의
성령의 법 안에서 지키는 계명은 주님의 능력으로 지키는 것이다. 주님이
99의 능력을 주시고 우리는 1의 능력을 보태는 원리다. 이런 이유로 예
수님이 이런 말씀을 하신 것이다. 하나님은 생명의 법으로 계명을 지키
는 이 원리를 요한일서 5장 3절에서 명료하게 말씀한다.

"하나님을 사랑하는 것은 이것이니 우리가 그의 계명들을 지키는
것이라 그의 계명들은 무거운 것이 아니로다."

그렇다. 하나님을 사랑하는 것은 하나님의 계명들을 지키는 것인데,
그의 계명들을 지키는 것이 무거운 것이 아니라 하신다. 하나님의 계명
들이 정말 무거운 것이 아닌가? 아니다. 우리 혼자의 힘으로는 하나님
의 계명을 지키는 것이 불가능하다. 매우 무겁다. 그러나 은혜의 결단을
하면, 즉 생명의 성령의 법 안으로 들어가면 모든 계명들이 가벼워진다.
왜냐하면 성령님께서 그 계명들을 지킬 수 있는 능력을 주시기 때문이
다.

●●나오며

생명의 성령의 법으로 사는 삶을 삼동의 삶이라 할 수 있다. 정확히 말하면 삼동을 믿는 삶, 즉 믿음으로 하나님과 동거하고 동행하고 동역하는 삶이다.

'삼동 믿음'이 중요한 이유이다.

그러므로 삼동 믿음은, 생명의 성령의 법으로 사는 삶은 우리의 일상생활 속에서 강력한 능력으로 나타난다. 왜냐하면 생명의 성령의 법 안에 살기 때문이다. 우리의 모든 삶의 영역 속에서 성령님의 임재가 드러나고 성령님의 능력이 나타나기 때문이다. 언제나 우리의 무능과 연약함을 기도로 하나님께 아뢰는 은혜의 결단을 통하여 성령님의 능력을 덧입고 살아가기 때문이다.

그래서 역설적으로 생명의 성령의 법 안에서 사는 사람에게 능력은 강함이 아니라 약함이다. 사도 바울이 고린도후서 12장 9-10절에서 이 진리를 정확하게 말씀한다.

"⁹ 나에게 이르시기를 내 은혜가 네게 족하도다 이는 내 능력이 약한 데서 온전하여짐이라 하신지라 그러므로 도리어 크게 기뻐함으로 나의 여러 약한 것들에 대하여 자랑하리니 이는 그리스도의 능력

이 내게 머물게 하려 함이라 ¹⁰ 그러므로 내가 그리스도를 위하여 약

한 것들과 능욕과 궁핍과 박해와 곤고를 기뻐하노니 이는 내가 약

한 그 때에 강함이라"

정말 능력 있는 사람은 우리 삶의 모든 영역에서 하나님 앞에 약한 사

람이다.

모든 삶의 영역에서 은혜의 결단을 하는 사람이다.

모든 삶의 영역에서 생명의 성령의 법으로 사는 사람이다.

모든 삶의 영역에서 믿음으로 삼동하는 사람이다.

예수님이 마태복음 11장 28-30절에서 하신 말씀으로 마무리를 하자.

"²⁸ 수고하고 무거운 짐 진 자들아 다 내게로 오라 내가 너희를 쉬

게 하리라 ²⁹ 나는 마음이 온유하고 겸손하니 나의 멍에를 메고 내

게 배우라 그리하면 너희 마음이 쉼을 얻으리니 ³⁰ 이는 내 멍에는 쉽

고 내 짐은 가벼움이라 하시니라"

율법으로 혹은 계명으로 수고하고 무거운 짐을 진 사람들이 많이 있

다. 무조건 선지자이신 예수님께 가야 한다. 그러면 거기에 생명의 성령

의 법이 있다. 선지자이신 예수님은 이것을 '멍에'라고 말씀하신다. 이 멍

에를 메면 능력의 사람으로 바뀐다. 진정한 평안과 쉼을 얻게 된다. 왜

냐하면 성령님이 생명을 주시기 때문이다. 성령님과 동거 동행 동역하기

때문이다. 성령의 열매는 보너스다.

"[22] 오직 성령의 열매는 사랑과 희락과 화평과 오래 참음과 자비와 양선과 충성과 [23] 온유와 절제니 이같은 것을 금지할 법이 없느니라"

〈토의 문제〉

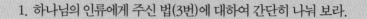

1. 하나님의 인류에게 주신 법(3번)에 대하여 간단히 나눠 보라.

2. 율법의 세 가지 목적에 대하여 나눠 보라.

3. 수벌의 은혜, 수법의 은혜에 대하여 나눠 보라.

4. 생명의 성령의 법에 대하여 나눠 보라.

5. 의지의 결단, 은혜의 결단에 대하여 나눠 보라.

4
예수 그리스도 왕(골 2:12-15)

　복음의 마지막 단추가 꿰어지고 있다. 복음은 예수님이시다. 예수님이 복음인 이유는 예수님의 이름의 뜻이 증명한다. 마태복음 1장 21절에, "아들을 낳으리니 이름을 예수라 하라 이는 그가 자기 백성을 그들의 죄에서 구원할 자이심이라 하니라"고 말씀한다.

　우리를 죄에서 어떻게 구원하시는가?

　예수님의 직책에서 그 비결을 발견한다. 그 직책이 무엇인가? 그리스도다. 성경에 예수님과 그리스도를 함께 사용하는 구절이 수도 없이 많다. '예수 그리스도' 또는 '그리스도 예수'라는 표현이 많이 나온다. 그러니까 예수님은 이름이고, 그리스도는 직분 혹은 직책이다. 예수님의 제자들이 전도할 때 그 핵심 내용이 예수 그리스도다. 예수님이 그리스도라는 것이다. 사도행전 5장 42절에, "그들이 날마다 성전에 있든지 집에 있든지 예수는 그리스도라고 가르치기와 전도하기를 그치지 아니하니라"고 말씀한다. 그렇다. '예수는 그리스도'가 복음의 핵심이기에, 이것을 가르치고 이것을 전파해야 한다. 이것을 전파할 때 믿는 사람은 구원을 받는 것이고 믿지 않는 사람은 심판을 받는 것이다.

뿐만 아니라 모든 성도는 예수는 그리스도임을 배워야 한다. 이론적으로도 배우고 실제적으로도 배워야 한다. 그래야 그 믿음의 진실성과 능력이 드러난다.

예수가 그리스도임을 믿는다고 고개도 끄덕이고 입으로 말도 하는데, 행동이 전혀 뒤따르지 않는다면 믿는 것이 아니다. 이것에 대하여 예수님이 마태복음 7장 20절에서, "열매로 그들을 알리라"고 말씀하셨다. 자기가 아무리 사과나무라고 외쳐도 배가 열리면 그 나무는 배나무다. 자기가 아무리 배나무라고 소리를 질러도 사과가 맺히면 사과나무다. 이처럼 자기가 아무리 예수님을 믿는 신자라고 외쳐도 사탄의 열매가 맺히면 신자가 아니다.

예수님의 직분인 그리스도는 원래 '기름을 붓다'는 뜻이다. 구약시대에 중요한 세 직책의 사람들을 세울 때 행하던 중요한 의식이다. 기름을 부어 직분자를 세웠던 세 직책은 제사장과 선지자와 왕이었다. 따라서 예수님이 그리스도라는 말은 예수님이 세 직분을 모두 가지고 계신다는 말이다. 그러니까 예수님은 제사장이시다. 예수님은 선지자이시다. 예수님은 왕이시다.

여기서 더 중요한 사실이 있다.

제사장이시며 선지자이시며 왕이신 예수님이 나에게 어떤 분이신가 하는 것이다. 그 말은 나의 제사장이 되셔야 한다는 말이다. 나의 선지자가 되셔야 한다는 말이다. 나의 왕이 되셔야 한다는 말이다. 그렇게 될 때 거기에 합당한 열매가 맺힌다.

심판 날에 놀라운 일들이 일어날 것이다. 마땅히 천국 백성이라고 여겨지던 사람들이 천국에 가지고 못하는 일 때문이다. 그 이유가 어디에 있는가? 복음을 바르게 알지 못하고 믿지 않았기 때문이다. 즉 예수 그리스도의 의미를 바르게 알지 못하고 믿지 않았기 때문이다. 예수님이 나의 제사장이 아니었다. 그러면 심각한 결과로 이어진다. 예수님이 나의 제사장이 아니면 나의 죄 문제는 여전히 미결 상태로 남아있기 때문에 그렇다. 그러면 어떻게 천국에 들어갈 수 있겠는가? 또 예수님이 나의 선지자가 아니었다면 나에게 율법 문제가 그대로 남아 있게 된다. 율법 문제가 해결이 안 되면 역시 천국에 들어가지 못한다.

예수님은 이 땅에 왕으로 오셨다. 만일 예수님이 나의 왕이 아니라면 사탄의 문제가 해결이 안 된다. 그렇게 될 때 천국에 들어갈 수 없다. 사탄과 함께 가야 한다. 왕으로 오신 예수님을 영접하시기 바란다.

왕으로 오신 예수님에 대하여 세 가지 관점에서 살펴보면서 은혜를 나누고자 한다. 첫째는 예수님의 초림부터 승천까지이다. 둘째는 승천부터 예수님의 재림까지이다. 셋째는 예수님의 재림부터 영원까지이다.

● ●초림부터 승천까지

이 땅에 왕으로 오신 예수님의 초림은 초라했다. 예수님의 초림은 예수님이 만왕의 왕이라는 것을 증명하는 시기였다. 아기 예수로 이 땅에 왕으로 오신 예수님이었지만 태어날 장소가 없어서 겨우 마구간에서 태어나셨다. 예수님이 태어나자마자 큰 소동이 예루살렘에 일어났다. 마태복음 2장 1-3절이다.

"¹ 헤롯 왕 때에 예수께서 유대 베들레헴에서 나시매 동방으로부터 박사들이 예루살렘에 이르러 말하되 ² 유대인의 왕으로 나신 이가 어디 계시냐 우리가 동방에서 그의 별을 보고 그에게 경배하러 왔노라 하니 ³ 헤롯왕과 온 예루살렘이 듣고 소동한지라"

이 사건으로 베들레헴에 사는 두 살 이하의 남자 어린 아이들이 죽임을 당했다. 그 당시 왕이었던 헤롯이 유대인의 왕이 태어났다는 말을 듣고 끔찍한 학살을 자행한 것이다.

예수님이 이 땅에 왕으로 태어나리라는 것은 예수님이 태어나시기 700여 년 전에 선지가 이사야가 예언을 했다. 이사야 9장 6-7절이다.

"⁶ 이는 한 아기가 우리에게 났고 한 아들을 우리에게 주신 바 되었는데 그의 어깨에는 정사를 메었고 그의 이름은 기묘자라, 모사라, 전능하신 하나님이라, 영존하시는 아버지라, 평강의 왕이라 할 것임이라 ⁷ 그 정사와 평강의 더함이 무궁하며 또 다윗의 왕좌와 그의 나라에 군림하여 그 나라를 굳게 세우고 지금 이후로 영원히 정의와 공의로 그것을 보존하실 것이라 만군의 여호와의 열심이 이를 이루시리라"

평강의 왕으로 이 땅에 오셔서 당신의 나라를 세우시며 영원히 정의와 공의로 그 나라를 보존하실 것이라 말씀한다. 이 놀라운 역사를 하나님께서 하나님의 열심으로 이루실 것임을 말씀하고 있다.

이 땅에 왕으로 오신 예수님이 행하신 모든 일들은 다 자신이 왕이심을 드러내는 것들이다. 수많은 병자들을 고쳐주시고 귀신들을 내쫓고 우주와 자연만물들을 복종시키고 바다를 잔잔하게 하시는 등등의 일들은 당신이 왕이심을 드러내는 행동들이었다. 예수님은 스스로도 왕이심을 드러내셨다. 요한복음 18장 33-40절이다.

"³³ 이에 빌라도가 다시 관정에 들어가 예수를 불러 이르되 네가 유대인의 왕이냐 ³⁴ 예수께서 대답하시되 이는 네가 스스로 하는 말이냐 다른 사람들이 나에 대하여 네게 한 말이냐 ³⁵ 빌라도가 대답하되 내가 유대인이냐 네 나라 사람과 대제사장들이 너를 내게 넘겼으니 네가 무엇을 하였느냐 ³⁶ 예수께서 대답하시되 내 나라는 이 세상에 속한 것이 아니니라 만일 내 나라가 이 세상에 속한 것이었더라면 내 종들이 싸워 나로 유대인들에게 넘겨지지 않게 하였으리라 이제 내 나라는 여기에 속한 것이 아니니라 ³⁷ 빌라도가 이르되 그러면 네가 왕이 아니냐 예수께서 대답하시되 네 말과 같이 내가 왕이니라 내가 이를 위하여 태어났으며 이를 위하여 세상에 왔나니 곧 진리에 대하여 증언하려 함이로라 무릇 진리에 속한 자는 내 음성을 듣느니라 하신대 ³⁸ 빌라도가 이르되 진리가 무엇이냐 하더라 이 말을 하고 다시 유대인들에게 나가서 이르되 나는 그에게서 아무 죄도 찾지 못하였노라 ³⁹ 유월절이면 내가 너희에게 한 사람을 놓아 주는 전례가 있으니 그러면 너희는 내가 유대인의 왕을 너희에게 놓아 주기를 원하느냐 하니 ⁴⁰ 그들이 또 소리 질러 이르되 이 사람이 아니라 바라바라 하니 바라바는 강도였더라"

십자가에 못 박히시기 전에 빌라도와 대화를 하신다. 빌라도가 유대인의 왕이냐고 묻자 즉시 그렇다고 대답하신다. 그러면서 예수님은 당신의 나라에 대하여 말씀하신다. "내 나라는 이 세상에 속한 것이 아니라"고 말이다. 이 세상에 왕으로 오셔서 왕이심을 드러내시면서 당신의 나라의 특성에 대하여 말씀하고 계신다. 예수님이 우리의 왕이심을 믿는 성도가 들어갈 나라가 이 나라다. 이 세상에 속한 대한민국, 미국, 프랑스 등등의 나라가 아니다. 예수님이 만드는 공의와 정의가 넘쳐흐르는 하나님의 나라다. 천국이다.

물론 빌라도는 예수님의 이 말씀을 믿지 않았다. 오히려 조롱했다. 예수님이 십자가에 못 박혔을 때, 빌라도는 이상한 행동을 한다. 요한복음 19장 18-22절이다.

"18 그들이 거기서 예수를 십자가에 못 박을새 다른 두 사람도 그와 함께 좌우편에 못 박으니 예수는 가운데 있더라 19 빌라도가 패를 써서 십자가 위에 붙이니 나사렛 예수 유대인의 왕이라 기록되었더라 20 예수께서 못 박히신 곳이 성에서 가까운 고로 많은 유대인이 이 패를 읽는데 히브리와 로마와 헬라 말로 기록되었더라 21 유대인의 대제사장들이 빌라도에게 이르되 유대인의 왕이라 쓰지 말고 자칭 유대인의 왕이라 쓰라 하니 22 빌라도가 대답하되 내가 쓸 것을 썼다 하니라"

패를 써서 예수님이 못 박히신 십자가 위에 붙였는데, 그 패에는 '유대인의 왕'이라고 쓰여 있었다. 그것도 세 나라 말로 즉 히브리, 로마, 헬라 말이었다. 유대 제사장들이 반발했지만, 빌라도는 무시하고 그대로 그 패를 붙여 놨다. 묘하게도 그 패의 뜻은 하나님의 뜻을 정확하게 드러내게 되었다. 즉 온 우주와 온 세상의 왕이신 예수님이라고 말이다.

그러면 예수님이 이 땅에 왕으로 오신 이유가 무엇인가?
그 이유는 창세기 3장 15절에서 이미 말씀하셨다. 즉 마귀를 멸하고 마귀의 일을 멸하시려 예수님이 오신 것이다. 천지가 창조되었을 때, 사탄은 인간의 조상인 아담과 하와를 유혹하여 선악과를 따먹게 만들었다. 그 때 하나님은 사탄을 불러다가 심판하실 것을 말씀하셨다. 그 본문이 창세기 3장 15절이다.

"내가 너로 여자와 원수가 되게 하고 네 후손도 여자의 후손과 원수가 되게 하리니 여자의 후손은 네 머리를 상하게 할 것이요 너는 그의 발꿈치를 상하게 할 것이니라 하시고"

이 말씀대로 예수님이 이 땅에 오셨을 때 마귀는 예수님의 발꿈치를 상하게 만들었다. 십자가에서 못 박히게 하고 채찍에 맞게 함으로 예수님의 발꿈치를 상하게 한 것이다. 발꿈치를 상하게 되신 예수님은 죽은 지 삼일 만에 부활하심으로 마귀의 머리를 상하게 만드셨다. 히브리서 2장 14-15절에서 이것을 이렇게 말씀한다.

"[14] 자녀들은 혈과 육에 속하였으매 그도 또한 같은 모양으로 혈과 육을 함께 지니심은 죽음을 통하여 죽음의 세력을 잡은 자 곧 마귀를 멸하시며 [15] 또 죽기를 무서워하므로 한평생 매여 종 노릇 하는 모든 자들을 놓아 주려 하심이니"

죽음의 세력을 잡은 자 곧 마귀를 멸하시려 이 땅에 인간의 몸을 입고 오셨다고 말씀한다. 그 결과 죽기를 무서워하고 한평생 마귀와 죽음에게 종노릇하는 사람들을 놓아주려 예수님이 오신 것이다.

하나님은 요한일서 3장 8절에서 더 부연하여 설명하신다.

"죄를 짓는 자는 마귀에게 속하나니 마귀는 처음부터 범죄함이라 하나님의 아들이 나타나신 것은 마귀의 일을 멸하려 하심이라"

하나님의 아들 예수님이 나타나신 목적은 마귀를 멸하실 뿐만 아니라 마귀의 일을 멸하려 나타나셨다고 말씀한다. 이것을 골로새서 2장 15절에 다음과 같이 표현하고 있다.

"통치자들과 권세들을 무력화하여 드러내어 구경거리로 삼으시고
십자가로 그들을 이기셨느니라"

여기 나오는 통치자들과 권세들이 마귀와 그 졸개들이다. 이것이 복음의 핵심이다. 왕이신 예수님이 이 땅에 오셔서 십자가의 죽음과 부활로 말미암아 죽음의 세력을 잡은 자인 마귀와 그 졸개들을 멸하시고 그들을 무력화하셨다는 것이 복음의 핵심이다. 이 진리를 선포해야 한다. 이 진리를 가르쳐야 하고 우리는 배워야 하고 그 진리를 믿어야 한다.

여러분은 만왕의 왕이신 예수님이 이 땅에 아기 예수로 오셔서 만왕의 왕이심을 증명한 사실을 믿고 있는가? 믿어야 한다. 반드시 믿어야 한다. 이 진리를 믿고 있는지 믿고 있지 않는지는 금방 점검할 수 있다.

●●승천부터 재림까지: 성령의 통치

십자가를 지시고 죽으셨다가 부활하신 예수님은 승천하셨다. 부활하셔서 이 땅에 40일 동안 계시다가 하늘로 올라가셨다. 예수님은 이 땅에 계실 때 자신이 승천하시고 나서 성령님을 보내셔서 왕으로 통치하실

것을 말씀하셨다. 요한복음 16장 7절이다.

"그러나 내가 너희에게 실상을 말하노니 내가 떠나가는 것이 너희
에게 유익이라 내가 떠나가지 아니하면 보혜사가 너희에게로 오시
지 아니할 것이요 가면 내가 그를 너희에게로 보내리니"

성령님은 성부 하나님의 영이시다. 동시에 성자 예수님의 영이시다. 육
신을 입으신 예수님이 이 땅에 계시면 영역의 제한을 받으신다. 즉 한 곳
에 있으면 다른 곳에 계실 수가 없다. 그러나 성령님은 언제 어디서나 편
재하실 수 있다. 즉 동시에 어디에나 계실 수 있다.

그러면 전지전능하신 성령님은 어떻게 이 땅에 오시게 되었는가?
승천하신 예수님이 하나님께 받아서 우리에게 보내셨다. 만일 예수님
이 부활하지 못하셔서 승천하시지 않았으면 성령님은 이 땅에 오실 수
가 없었을 것이다. 사도행전 2장 33절이다.

"하나님이 오른손으로 예수를 높이시매 그가 약속하신 성령을 아
버지께 받아서 너희가 보고 듣는 이것을 부어 주셨느니라"

승천하신 예수님이 약속하신 성령을 아버지께 받아서 부어주셨다고
말씀한다.

그렇다면 이 땅에 오신 성령님은 어떤 일을 하시는가?

예수님이 이루어 놓으신 사역을 계속하신다. 즉 왕의 일을 계속하신다. 제사장이신 예수님이 행하신 일을 성도들에게 적용하심으로 왕권을 행사하신다. 선지자이신 예수님이 행하신 일을 성도들에게 적용하심으로 왕권을 행사하신다. 왕이신 예수님이 행하신 일을 성도들에게 적용하심으로 왕권을 행사하신다.

삼위일체 하나님의 구원사역이 무엇이었는가?

성부 하나님은 우리의 구원을 계획하시고, 성자 하나님은 우리의 구원을 실행하시고, 성령 하나님은 우리의 구원을 적용하신다. 그 적용의 사역이 왕권의 행사다.

물론 오해하지는 말아야 한다. 성령님 단독으로 적용사역을 하는 것은 아니다. 모든 일이 삼위일체 공동사역이다. 구원을 계획하실 때도 공동 사역이고, 구원을 실행하실 때도 공동사역이고, 적용도 마찬가지다. 단 성령님께서 주도적으로 하신다는 말이다.

그러므로 성령님의 구원 적용사역은 예수님의 왕권의 행사이다. 성령님께서 예수님이 재림하실 때까지 성도들을 통치하고 다스리신다. 예수님이 이루어놓으신 제사장의 사역이 성도 안에서 잘 실행되도록 왕권을 행사하신다. 예수님이 이루어놓으신 선지자의 사역이 성도 안에서 잘 실행되도록 왕권을 행사하신다. 예수님이 이루어 놓으신 왕의 사역이 성도 안에서 잘 실행 되도록 왕권을 행사하신다.

지금 이 세상의 형편은 어떤가?

머리를 상한 사탄이 제 때가 얼마 남지 않았음을 알기에, 몸부림치고 있다. 할 수만 있으면 택한 백성이라도 유혹하여 멸망으로 자신과 함께 데려가려고 수단과 방법을 가리지 않는다.

그렇다면 내 자신이 성령님의 왕권 아래서 통치를 받고 있는지 아니면 마귀의 통치를 받고 있는지를 어떻게 알 수 있는가?

성경에 보면, 성령님과 관련된 수많은 말씀들이 나온다. 한마디로 말하면 성령님의 통치에 순종하는지, 마귀의 통치에 순종하는지를 말씀하는 것이다. 갈라디아서 5장 16-26절에 보면 분명한 기준이 나온다.

"[16] 내가 이르노니 너희는 성령을 따라 행하라 그리하면 육체의 욕심을 이루지 아니하리라 [17] 육체의 소욕은 성령을 거스르고 성령은 육체를 거스르나니 이 둘이 서로 대적함으로 너희가 원하는 것을 하지 못하게 하려 함이니라 [18] 너희가 만일 성령의 인도하시는 바가 되면 율법 아래에 있지 아니하리라 [19] 육체의 일은 분명하니 곧 음행과 더러운 것과 호색과 [20] 우상 숭배와 주술과 원수 맺는 것과 분쟁과 시기와 분 냄과 당 짓는 것과 분열함과 이단과 [21] 투기와 술 취함과 방탕함과 또 그와 같은 것들이라 전에 너희에게 경계한 것 같이 경계하노니 이런 일을 하는 자들은 하나님의 나라를 유업으로 받지 못할 것이요 [22] 오직 성령의 열매는 사랑과 희락과 화평과 오래 참음과 자비와 양선과 충성과 [23] 온유와 절제니 이 같은 것을 금지할 법이 없느니라 [24] 그리스도 예수의 사람들은 육체와 함께 그 정욕과

탐심을 십자가에 못 박았느니라 [25] 만일 우리가 성령으로 살면 또한 성령으로 행할지니 [26] 헛된 영광을 구하여 서로 노엽게 하거나 서로 투기하지 말지니라"

여기 계속 등장하는 말씀이 성령을 따라 행하라, 성령으로 살라, 성령으로 행하라 등의 말씀이다. 다시 말하면 성령님의 통치에 복종하라는 말씀이다.

성령님의 왕권 통치에 반대되는 개념은 마귀의 왕권 통치다. 마귀의 왕권통치에 따르는 방법이 무엇인가? 우리의 육체를 따라 행하는 것이다. 성령님을 따라 행하고 살면 어떤 열매들이 나타나는가? 우리가 잘 아는 사랑과 희락과 화평과 오래 참음과 자비와 양선과 충성과 온유와 절제의 열매들이 우리의 삶을 지배한다. 이런 열매를 맺는 분들 옆에 있기만 해도 행복하다. 계속 머무르고 싶고 교제하고 싶은 생각이 난다.

그러면 어떻게 할 때 성령을 따라 살 수 있는가?

성령님의 인도하심을 받을 줄 알아야 한다. 성령님은 어떻게 우리의 삶을 인도하시는가?

첫째, 우리 안에 성령님이 오셔야 한다. 즉 예수님을 믿고 성령으로 거듭나야 한다. 요한복음 3장 5절이다. "예수께서 대답하시되 진실로진실로 네게 이르노니 사람이 물과 성령으로 나지 아니하면 하나님의 나라에 들어갈 수 없느니라." 성령으로 거듭나는 유일한 비결은 예수님을 우리의 왕으로 영접하는 것이다. 종이 아니라 왕이다. 일단 영접하면 왕이 시키는 대로 다 해야 한다. 이것이 자신 없으면 영접해서는 안 된다.

둘째, 예수님을 믿어 우리 안에 오신 성령님을 믿는 것이다. 우리가 예수님을 믿을 때 성령님이 우리 안에 들어오신다. 고린도전서 3장 16절이다. "너희는 너희가 하나님의 성전인 것과 하나님의 성령이 너희 안에 계시는 것을 알지 못하느냐." 성령님께서 우리와 본격적으로 동거와 동행과 동역을 하시는 것이다.

성령을 따라 산다는 것은 이 진리를 믿는 것이다. 그래서 "예수님 내가 주님을 믿습니다"는 고백이 중요하다. 이 고백은 내가 예수님을 주님으로 믿는다는 고백이다. 영접한다는 고백이다. 뿐만 아니라 삼동 즉 동거와 동행과 동역을 믿는다는 고백이기도 하다. 예수님을 주님으로 영접할 때 성령님이 우리 안에 오셔서 나와 함께하시기 때문이다.

이 고백을 할 때 우리는 성령님과 함께 산다. 성령님과 함께 행한다. 성령님께서 우리의 삶의 모든 영역에서 우리를 인도해주신다. 이 믿음의 삶을 살게 될 때 나에게서 성령의 열매가 맺히는 것이다.

만일 나에게서 성령의 아홉 가지 열매가 맺히지 않는다면 예수님을 바르게 믿지 않는 것이다. 삼동을 믿지 않는 것이다. 그렇다면 나의 믿음을 긴급하게 점검해 봐야 한다. 성령의 아홉 가지 열매가 맺히지 않으면 어떻게 되는가? 안봐도 안다. 마귀의 열매, 육신의 열매가 풍성하게 맺힐 것이기 때문이다.

육체의 열매는 어떤 것들인가? 갈라디아서 5장 19-21절을 다시 보자.

"¹⁹ 육체의 일은 분명하니 곧 음행과 더러운 것과 호색과 ²⁰ 우상
숭배와 주술과 원수 맺는 것과 분쟁과 시기와 분 냄과 당 짓는 것과
분열함과 이단과 ²¹ 투기와 술 취함과 방탕함과 또 그와 같은 것들
이라 전에 너희에게 경계한 것 같이 경계하노니 이런 일을 하는 자들
은 하나님의 나라를 유업으로 받지 못할 것이요"

성령의 열매는 아홉 가지인데, 마귀의 열매는 15가지나 된다. 여기에
서 벗어나지 못하면 하나님의 나라를 유업으로 받지 못한다고 말씀하
고 있다. 천국에 못 들어간다는 말이다. 왜냐하면 예수님을 믿는 것이
아니기 때문이다.

그 15가지가 무엇인가? 앞에 세 개는 음행과 더러운 것과 호색인데,
성적인 죄다. 마귀의 무서운 무기다. 지옥으로 끌고 가는데 결정적인 역
할을 한다. 온 세상이 요한계시록 17장에 나오는 음녀에 의하여 휘둘리
고 있다. 그 다음이 우상숭배와 주술과 원수 맺는 것이다. 특히 원수 맺
는 것을 보라. 교회 밖에, 교회 안에 원수가 있는가? 천국에 못 들어간
다. 상대방은 나를 원수 취급해도 나는 그 사람을 원수 취급해서는 안
된다. 성령님을 따라 사는 사람은 무슨 말인지 안다. 분쟁과 시기와 분
냄도 육체의 열매다. 툭하면 화를 내는 사람, 별것도 아닌데 싸우자고
대드는 사람도 천국에 못 들어간다. 왜 싸우는 것일까? 내 마음에 들지
않는다는 말이다. 시기심이 너무 강한 사람들은 다른 사람과 어울릴 줄

모른다. 성령님을 따라 살지 않아서 그렇다. 정신을 바짝 차려야 한다. 성령님을 따라 사는 사람들은 분쟁하지 않는다. 시기하지 않는다. 화 내지 않는다. 또 당 짓는 것과 분열함과 이단이다. 이것은 굳이 설명하지 않아도 된다. 끼리끼리만 움직인다. 파당을 만든다. 마지막으로 투기와 술 취함과 방탕함 등이다. 우리의 삶속에서 이런 증상들이 나타나면 성령님의 왕권통치를 받지 않기 때문이다. 성령님의 왕권통치를 받게 되면 육체의 열매 대신 성령의 열매가 맺힌다.

물론 한 가지 명심할 것이 있다. 예수님은 교회 안에 알곡만 있는 것이 아니라 가라지도 있다고 하신 것이다. 마태복음 13장 24-30절이다.

"²⁴ 예수께서 그들 앞에 또 비유를 들어 이르시되 천국은 좋은 씨를 제 밭에 뿌린 사람과 같으니 ²⁵ 사람들이 잘 때에 그 원수가 와서 곡식 가운데 가라지를 덧뿌리고 갔더니 ²⁶ 싹이 나고 결실할 때에 가라지도 보이거늘 ²⁷ 집 주인의 종들이 와서 말하되 주여 밭에 좋은 씨를 뿌리지 아니하였나이까 그런데 가라지가 어디서 생겼나이까 ²⁸ 주인이 이르되 원수가 이렇게 하였구나 종들이 말하되 그러면 우리가 가서 이것을 뽑기를 원하시나이까 ²⁹ 주인이 이르되 가만 두라 가라지를 뽑다가 곡식까지 뽑을까 염려하노라 ³⁰ 둘 다 추수 때까지 함께 자라게 두라 추수 때에 내가 추수꾼들에게 말하기를 가라지는 먼저 거두어 불사르게 단으로 묶고 곡식은 모아 내 곳간에 넣으라 하리라"

가라지를 뽑아내지 못하는 이유가 무엇인가? 알곡이 다칠까봐 뽑아내지 못하기 때문이다. 가라지가 누구인가? 성령님의 왕권 통치를 받지 않는 사람들이다. 싸우지 말라 해도 여전히 싸운다. 시기하지 말라 해도 여전히 시기한다. 화내지 말라 해도 여전히 화낸다. 파당을 만들지 말라 해도 계속 만든다. 음행하지 말라 해도 계속한다. 원수 맺지 말라 해도 계속 원수를 맺는다. 이런 사람들이 가라지다.

오늘 우리를 점검해 봐야 한다. 우리는 성령님의 왕권 통치를 받고 있는가? 아니면 사탄의 왕권 통치를 받고 있는가? 나에게 성령의 열매가 맺히고 있는가? 아니면 사탄의 열매, 즉 육신의 열매가 맺히고 있는가? 성령님의 통치를 받아 성령의 열매를 먹고 살아가는 성도님들이 되시기를 바란다.

●●재림부터 영원토록

마지막 세 번째로 왕이신 예수님은 재림부터 영원토록 친히 통치하신다. 첫 번째는 초림부터 승천까지로 예수님께서 친히 십자가 죽으심과 부활하심으로 왕이심을 증명하셨다. 그리고 승천하셨다. 두 번째는 승천부터 재림까지다. 그 기간에는 예수님께서 성령님을 보내서서 왕권을 행사하신다고 했다. 마지막 세 번째가 재림부터 영원토록이다. 세 번째는 미래에 속한 내용으로 분류되지만, 사실 지금부터 영원까지다. 예수님이 성령으로 지금도 통치하시기 때문이다.

그러니까 왕이신 예수님이 지금부터 성령님과 함께 왕으로 다스리신다. 영원토록 예수님이 왕으로 다스리신다. 요한계시록 11장 15절이다.

"일곱째 천사가 나팔을 불매 하늘에 큰 음성들이 나서 이르되 세상 나라가 우리 주와 그의 그리스도의 나라가 되어 그가 세세토록 왕 노릇 하시리로다 하니"

여기 '그의 그리스도'는 하나님의 아들 예수님이시다. 예수님께서 세세토록 왕 노릇 하신다고 말씀하신다. 요한계시록 1장 13-16절에는 왕이신 예수님의 모습이 드러난다. 아기 예수로 이 땅에 연약한 존재로 오셨던 그 예수님의 모습이 아니다.

"[13] 촛대 사이에 인자 같은 이가 발에 끌리는 옷을 입고 가슴에 금띠를 띠고 [14] 그의 머리와 털의 희기가 흰 양털 같고 눈 같으며 그의 눈은 불꽃같고 [15] 그의 발은 풀무 불에 단련한 빛난 주석 같고 그의 음성은 많은 물소리와 같으며 [16] 그의 오른손에 일곱별이 있고 그의 입에서 좌우에 날선 검이 나오고 그 얼굴은 해가 힘 있게 비치는 것 같더라"

왕이신 예수님의 모습이 9가지로 드러난다. 위에서부터 외우면 쉽다. 머리털은 양털과 흰 눈 같고 얼굴은 해가 힘 있게 비치는 것 같고, 눈은 불 꽃 같고 입에서는 좌우에 날 선 검이 나오고 목소리는 많은 물소리 같고 가슴에는 금띠를 띠고 오른 손에는 일곱별이 있고 발은 풀무 불에 단련한 빛난 주석 같고 마지막으로 끌리는 옷을 입으셨다. 강력한 왕의 모습을 보여주고 계신다.

만왕의 왕이신 예수님이 무엇을 영원토록 다스리시고 통치하시는가?

온 창조세계를 영원토록 통치하신다. 특별히 우리 성도들을 다스려주신다. 정의와 공의로 우리 성도들을 다스려 주신다. 여기 성도들이 누구인가? 어린 양 되시는 예수님의 신부들이다. 만왕의 왕 되시는 예수님의 신부들이다. 이 신부들의 특징이 무엇인가? 예수님이 재림하시기 전에 성령님의 왕권에 순종하는 사람들이다. 성령의 열매를 먹고 살아온 사람들이다.

물론 성령의 열매를 먹고 살아가는 하나님의 백성들을 예수님은 지금도 성령으로 통치하신다. 왕으로 통치하시면서 우리의 삶을 책임지신다. 우리의 삶을 인도하시고 보호하시고 공급하신다. 시편 23편은 우리의 왕, 우리의 목자가 되신 예수님이 우리를 어떻게 인도하시고 보호하시고 공급하시는지에 대하여 잘 설명하고 있다.

"¹ 여호와는 나의 목자시니 내게 부족함이 없으리로다 ² 그가 나를 푸른 풀밭에 누이시며 쉴 만한 물 가로 인도하시는도다 ³ 내 영혼을 소생시키시고 자기 이름을 위하여 의의 길로 인도하시는도다 ⁴ 내가 사망의 음침한 골짜기로 다닐지라도 해를 두려워하지 않을 것은 주께서 나와 함께 하심이라 주의 지팡이와 막대기가 나를 안위하시나이다 ⁵ 주께서 내 원수의 목전에서 내게 상을 차려 주시고 기름을 내 머리에 부으셨으니 내 잔이 넘치나이다 ⁶ 내 평생에 선하심과 인자하심이 반드시 나를 따르리니 내가 여호와의 집에 영원히 살리로다"

따라서 예수님을 왕으로 모시고 살아가는 사람들은 안전하다. 이 땅에서도 안전하고 영원토록 안전하다. 왜냐하면 예수님이 우리의 왕이 되셔서 우리의 갈 길을 인도하시기 때문이다. 푸른 풀밭 쉴만한 물가로 인도하시기 때문이다. 지금부터 영원까지 당신의 이름을 걸고 우리의 길을 인도하시기 때문이다. 또 우리의 왕이 되셔서 우리를 보호하시기 때문이다. 사망의 음침한 골짜기로 다닐지라도 우리와 함께 하시기 때문이다. 주님의 지팡이와 막대기로 우리를 보호해주시기 때문이다. 뿐만 아니라 예수님은 우리의 왕이 되셔서 우리에게 모든 필요한 것을 공급해 주실 것이기 때문이다. 원수의 목전에서라도 상을 차려주시고 잔이 넘치도록 채워주실 것이기 때문이다.

왕 되신 예수님의 선하심과 인자하심의 은혜로 우리가 영원히 주님과 함께 거하게 하실 것이다. 할렐루야!

● ● 결론

복음은 영광스러운 것이다.

복음은 예수님이다.

복음은 예수 그리스도다.

이 말은 예수님이 제사장이라는 말이다. 예수님이 선지자라는 말이다. 예수님이 왕이라는 말이다. 아니 예수님이 나의 제사장이라는 말이다. 예수님이 나의 선지자라는 말이다. 예수님이 나의 왕이라는 말이다.

이 진리를 믿을 때 우리는 하나님의 자녀가 된다.

이 진리를 믿을 때 우리는 하나님의 상속자가 된다.

이 진리를 믿을 때 우리는 죄로부터 해방을 받는다.

이 진리를 믿을 때 우리는 율법으로부터 해방을 받는다.

이 진리를 믿을 때 우리는 사탄으로부터 해방을 받는다.

만왕의 왕이신 예수님은 온 우주와 나라와 민족과 역사를 주관하시고 통치하신다.

아기 예수로 오신 주님은 십자가 죽음과 부활로 만왕의 왕이심을 증명하셨다. 사탄의 머리를 상하게 하시고 승천하셨다.

승천하신 예수님은 성령님을 보내셔서 재림하실 때까지 왕권을 행사하게 하신다.

예수님을 믿고 성령으로 거듭난 하나님의 백성들의 특징은 성령님의 왕권에 복종하고 순종한다. 그것을 성경에서는 성령으로 살고 성령으로 행한다고 말씀한다.

그렇게 성령의 왕권 통치를 받는 성도들에게 나타나는 현상이 성령의 열매다. 사랑과 희락과 화평과 오래 참음과 자비와 양선과 충성과 온유와 절제다.

그러나 마귀의 왕권 통치를 받는 사람들에게는 성령의 열매가 아니라 악령의 열매가 맺힌다. 음행과 더러운 것과 호색과 우상숭배와 주술과 원수 맺는 것과 분쟁과 시기와 분냄과 당 짓는 것과 분열함과 이단과 투기와 술 취함과 방탕함 같은 것들이다.

오늘 나는 누구의 통치를 받고 있는가?

성령님의 통치를 받고 있다면 예수님이 나의 제사장이시기 때문이다. 나의 선지자이시기 때문이다. 감사의 제목이다. 성령의 열매를 마음껏 먹고 마시기 바란다. 성령의 열매는 생명나무의 열매이기도 하다. 그러나 성령이 아니라 악령의 통치를 받고 있다면, 예수님이 우리의 제사장, 선지자가 아니기 때문이다. 이런 것이 깨달아진다면 소망이 있다. 왜냐하면 회개할 수 있는 기회가 있기 때문이다.

왕 되신 예수님의 통치를 받을 때, 이 땅에 살아가면서 필요한 은혜가 임한다. 우리의 길을 인도하신다. 우리를 보호하신다. 우리에게 필요한 모든 것을 공급해 주신다.

만왕의 왕이신 예수님의 통치를 받아 풍성하고도 영원한 생명을 누리기를 바란다.

토의 문제

1. 초림부터 승천까지의 왕이신 예수님의 모습에 대하여 나눠 보라.

2. 승천부터 재림까지의 왕이신 예수님의 통치에 대하여 나눠 보라.

3. 성령의 열매와 악령의 열매에 대하여 나눠 보라.

4. 예수님이 말씀하시는 가라지의 특징에 대하여 나눠 보라.

5. 요한계시록 1장 13-16절에 나오는 만왕의 왕 예수님의 모습에 대하여 나눠 보라. 또 만왕의 왕이신 예수님에 의하여 받는 통치의 축복에 대해서도 나눠 보라.

Ⅲ. '십자가의 도'를 믿은 후

"십자가의 도가 멸망하는 자들에게는 미련한 것이요 구원을 받는 우리에게는 하나님의 능력이라"(고전 1:18)

1. 그 중의 한 사람(눅 17:11-19)

"11 예수께서 예루살렘으로 가실 때에 사마리아와 갈릴리 사이로 지나가시다가 12 한 마을에 들어가시니 나병환자 열 명이 예수를 만나 멀리 서서 13 소리를 높여 이르되 예수 선생님이여 우리를 불쌍히 여기소서 하거늘 14 보시고 이르시되 가서 제사장들에게 너희 몸을 보이라 하셨더니 그들이 가다가 깨끗함을 받은지라 15 그 중의 한 사람이 자기가 나은 것을 보고 큰 소리로 하나님께 영광을 돌리며 돌아와 16 예수의 발 아래에 엎드리어 감사하니 그는 사마리아 사람이라 17 예수께서 대답하여 이르시되 열 사람이 다 깨끗함을 받지 아니하였느냐 그 아홉은 어디 있느냐 18 이 이방인 외에는 하나님께 영광을 돌리러 돌아온 자가 없느냐 하시고 19 그에게 이르시되 일어나 가라 네 믿음이 너를 구원하였느니라 하시더라"

2. 복음의 일꾼, 교회의 일꾼(골 1:23-29)

"23 만일 너희가 믿음에 거하고 터 위에 굳게 서서 너희 들은 바 복음의 소망에서 흔들리지 아니하면 그리하리라 이 복음은 천하 만 민에게 전파된 바요 나 바울은 이 복음의 일꾼이 되었노라 24 나는 이제 너희를 위하여 받는 괴로움을 기뻐하고 그리스도의 남은 고난 을 그의 몸된 교회를 위하여 내 육체에 채우노라 25 내가 교회의 일 꾼 된 것은 하나님이 너희를 위하여 내게 주신 직분을 따라 하나님 의 말씀을 이루려 함이니라 26 이 비밀은 만세와 만대로부터 감추어 졌던 것인데 이제는 그의 성도들에게 나타났고 27 하나님이 그들로 하여금 이 비밀의 영광이 이방인 가운데 얼마나 풍성한지를 알게 하 려 하심이라 이 비밀은 너희 안에 계신 그리스도시니 곧 영광의 소망 이니라 28 우리가 그를 전파하여 각 사람을 권하고 모든 지혜로 각 사람을 가르침은 각 사람을 그리스도 안에서 완전한 자로 세우려 함이니 29 이를 위하여 나도 내 속에서 능력으로 역사하시는 이의 역사를 따라 힘을 다하여 수고하노라"

3. 하나님의 소원(요삼 2)

"사랑하는 자여 네 영혼이 잘됨 같이 네가 범사에 잘되고 강건하 기를 내가 간구하노라"

1
그 중의 한 사람 (눅 17:11-19)

추수감사는 추수를 감사하는 것이다. 사실 항상 추수에 대하여 감사해야 한다. 우리의 몸은 먹어야 살도록 되어 있다. 삼일만 굶으면 천지가 다 먹을 것으로 보인다. 인생이란 일단 먹거리가 해결되어야 한다. 그래야 문화가 어떻고 정치가 어떻고 경제가 어떻고 등등의 말을 할 수 있다.

하나님은 참 좋으신 분이다. 우리를 창조만 하신 것이 아니라 우리가 이 땅에서 먹고 쓸 수 있는 풍성한 복을 주셨다. 지구촌에 있는 대부분의 나라마다 과일이나 먹거리가 풍성하다. 풍성하지 않은 나라들도 있으나 전체적으로 볼 때 모든 인류가 충분히 먹을 수 있도록 하셨다. 먹거리의 종류가 얼마나 다양한지 모른다. 셀 수 없을 정도로 많다. 풍성한 양식을 주신 하나님을 생각할 때 우리를 향하신 하나님의 사랑을 발견한다.

옛날에는 계절 과일, 계절 식품이 따로 있었다. 봄의 과일이 있었고 여름 과일이 있었고 가을 과일도 있었다. 하지만 겨울에는 없었다. 그런데 지금은 사철에 상관이 없다. 봄 과일, 여름 과일을 언제나 먹을 수 있다. 심지어 겨울에도 과일이 나온다.

하나님께서 우리를 창조하신 것도 감사하다. 뿐만 아니라 그 창조상태를 유지하는 하나님의 사랑도 귀하다. 다양한 곡식을 주시고 우리가 이 땅에서 살아갈 수 있도록 복을 주시는 은혜가 너무 감사하다. 이런 이유로 우리는 온 마음으로 추수에 대한 감사를 하나님께 드린다.

각 민족마다 추수에 대한 감사가 있다. 중요한 것은 누구에게 감사를 드리느냐다. 어떤 민족들은 조상들에게 감사를 드린다. 우리를 낳아주시고 길러주신 조상님께 감사드리는 것은 당연하다. 하지만 추수에 대하여 조상님께 감사드리는 것은 맞지 않다. 알곡을 추수하는데 조상님이 감당하는 영역이 없기 때문이다. 어떤 사람들은 여러 가지 우상을 만들어 놓고 우상에게 감사를 드린다. 이것 역시 문제가 있다. 그 우상들 역시 알곡을 추수하는데 그 무엇도 기여할 수 없기 때문이다. 어떤 사람들은 추수에 대하여 아무런 감사도 드리지 않는다. 감사에 대한 아무런 감각이 없다. 하나님께 추수에 대하여 감사드리지 않는 것은 배은망덕이다.

성도가 누군가? 추수에 대하여 하나님께 감사드리는 사람들이다. 하나님께 드리는 추수감사가 얼마나 중요한지, 아예 하나님은 추수에 대한 감사를 자신에게 드리라고 명령하셨다. 이 명령은 너무나 당연한 것이다.

하나님께 드리는 추수감사의 기원이 구약성경에 있다.

●●구약의 3대 감사절기(출 23:14-17)

출애굽기 23장 14-17절이다.

"[14] 너는 매년 세 번 내게 절기를 지킬지니라 [15] 너는 무교병의 절기를 지키라 내가 네게 명령한 대로 아빕월의 정한 때에 이레 동안 무교병을 먹을지니 이는 그 달에 네가 애굽에서 나왔음이라 빈 손으로 내 앞에 나오지 말지니라 [16] 맥추절을 지키라 이는 네가 수고하여 밭에 뿌린 것의 첫 열매를 거둠이니라 수장절을 지키라 이는 네가 수고하여 이룬 것을 연말에 밭에서부터 거두어 저장함이니라 [17] 네 모든 남자는 매년 세 번씩 주 여호와께 보일지니라"

구약에 나오는 수많은 절기들이 있으나, 추수감사를 포함하고 있는 이 세 절기가 가장 중요하다. 중요하기 때문에 하나님께서 모든 이스라엘 남자들이 매년 여호와께 나와서 이 명절들을 지키도록 하셨다.

세 절기 중 첫 번째로 나오는 것은 무교병의 절기다.

한 주간 지키는 무교병의 절기에서 가장 중요한 핵심은 유월절이다. 유월절이 무엇인가? 애굽에서 400여 년간 종살이하다가 해방 된 것을 기념하는 절기다. 출애굽 하는 과정이 신비롭다. 하나님의 이적이 열 번이나 일어난다. 즉 열 가지 재앙이 애굽에 내렸을 때 애굽 왕 바로는 견디지 못하고 이스라엘 백성들을 내보낸다.

유월절을 지키는 방법은 절기 기간 동안 애굽의 종살이에서 해방 된 것을 기념하는 것이다. 우리 민족이 당한 일제 36년 종살이를 생각해 보라. 해방이 되었을 때의 기쁨도 작은 것이 아닌데 그 열 배가 넘는 기간을 종살이 했으니, 그 기쁨이 얼마나 컸겠는가?

두 번째로 맥추절은 첫 열매를 거두는 절기다.

맥추절에 대한 다른 용어들이 있다. 오순절과 칠칠절이다. 오순절은 유월절 후, 50일째라는 의미다. 칠칠절도 같은 의미다. 칠칠은 사십구, 다음 날이 50일째 된다는 의미이다. 그러니까 이 세 가지 용어 즉 맥추절과 오순절과 칠칠절이 같은 의미라는 것을 알고 있어야 한다. 아주 중요한 이유가 있기 때문이다.

세 번째는 수장절이다.

수장절은 연말에 거두는 최종 추수를 하여 창고에 저장하고 하나님께 감사드리는 절기다. 이 수장절도 다른 이름들이 있다. 초막절과 장막절 그리고 우리가 신약시대에 기념하는 추수감사절이다. 수장이라는 말은 곡식을 추수하여 저장한다는 의미다. 그러나 초막이나 장막은 일종의 텐트다. 그러니까 텐트를 치는 절기라 해도 된다. 이 절기는 이스라엘 백성들이 광야생활을 기념하면서 지켰다. 곡식이 전혀 생산되지 않는 광야에서 초막이나 장막을 치고 살았던 과거 40년을 기념하면서 보낸다. 실제로 초막이나 장막을 치고 기념한다. 하나님께서 하늘에서 내려 주시는 만나를 먹으면서 40년 간 살아왔던 고달팠던 광야생활을 기념하며 지키는 절기다. 이제 하나님의 인도하심으로 가나안 땅에 정착하여 하나님의 축복으로 농사를 짓게 하시고 곡식을 추수하여 쌓아놓고 지키는 축복의 절기가 된 것이다.

●●구약 3대 절기의 구원사적 의미

그렇다면 이 구약의 절기들이 신약시대를 살아가는 우리에게 어떤 의미를 가지고 있을까? 하나님께서 세 절기를 만들어 놓으신 또 다른 중요한 이유가 있다. 그것은 바로 하나님의 백성의 구원과 그 구원의 여정을 설명하기 위함이다. 이런 이유로 구약교회와 신약교회가 이 세 절기를 지키는 것이다.

구약교회와 달리 우리 신약교회는 우리의 전인적 구원과 연관시켜서 이 절기들을 지키도록 하셨다. 만약 이 절기들이 구약의 의미들만 있다면 신약교회는 지킬 필요가 없어진다. 더구나 농사와 상관이 없는 우리들은 더 그렇다. 하지만 우리의 구원과 관련된 중요한 진리가 들어 있기 때문에 신약교회 성도들이 반드시 지켜야 한다. 사실 구약교회 성도들보다 더 중요한 의미를 부여하여 지켜야 한다.

그렇다면 첫 번째 명절인 유월절은 우리의 구원과 어떤 관련이 있는가?

신약 성도들인 우리는 이 유월절을 언제 어떻게 지켜야 하는가? 구약교회는 종살이 하던 애굽에서 해방 된 것을 기념하면서 유월절을 지켰다.

우리도 마찬가지다. 신약 성도들도 애굽이 있다. 즉 우리가 구원 받기 전에 우리를 종으로 부리던 것들이다. 바로 죄와 율법과 사탄이 우리의 영적 애굽이다. 우리가 예수님을 믿고 거듭났다면 죄와 율법과 사탄으로부터 해방이 된 것이다.

그러면 신약교회 성도들은 이 유월절을 언제 지키는가? 신약교회 성도들은 매주일 유월절을 지킨다. 구약교회 성도들이 지키는 유월절의 핵심은 구원을 기념하는 것이다. 즉 구약 유월절은 구원 기념일인 것이다. 자신들을 구원하신 하나님을 경배하고 찬양하면서 지키는 구원 기념일이 유월절이다.

신약성도들인 우리가 지키는 주일도 같은 의미를 가지고 지킨다. 주일을 지키는 이유도 하나님이 우리를 구원하신 것을 기념하는 구원 기념일이기 때문이다. 그렇다. 신약성도들이 매 주일 모여서 하나님 앞에 예배하는 것은 구원을 기념하는 것이다. 우리는 매 주일에 교회에 나와 하나님께 예배드리면서 우리의 구원을 감사드린다. 신약성도들에게 주일은 그 어떤 것에도 양보할 수 없다. 왜냐하면 우리의 구원을 기념하는 축복의 날이기 때문이다.

구약시대에는 구원 기념일인 유월절을 일 년에 한 번 지켰지만, 신약시대를 살아가는 우리들은 우리의 구원 기념일을 매주일 지키는 복을 받는다. 주일에 대한 우리의 생각을 점검해보라. 주일 지키는 것이 좋지 않고 즐거움이 없고 부담이 된다면 성도가 아니다. 구원을 기념하는데 부담이 된다면 구원의 가치를 모르기 때문이다. 구원이 무엇인지 알면 주일을 지키는 것이 삶의 최우선 순위에 온다. 다른 날에는 몸이 좀 아파도 할 일 다 하는데, 그런 이유로 주일에 교회에 오지 않는다면, 구원을 의심해야 한다. 주일은 억지로 지키는 것이 아니다. 주일은 시간이 남을 때 지키는 날이 아니다. 구원을 감격하면서 지키는 날이 주일이다.

그러면 두 번째 명절인 맥추절은 우리의 구원과 어떤 관련이 있는가?

맥추절은 유월절이 지난 후 50일 후에 지킨다. 밀이나 보리를 농사지어 추수할 때 지키는 절기가 맥추절이다. 그러면 신약시대를 살아가는 우리에게 이 맥추절은 구원과 관련하여 어떤 의미를 가지고 있는가?

이 맥추절에 놀라운 일이 일어났다. 어떤 일이 일어났는가? 맥추절의 다른 이름이 오순절, 칠칠절이라 했다. 사도행전 2장에 보면, 맥추절을 오순절이라 기록하고 있다. 즉 이 오순절에 놀라운 일이 일어났다. 어떤 일이 일어났는가? 오순절에 성령님이 이 땅에 오셨다.

그러니까 성령님이 오순절에 이 땅에 오셨다는 말이다. 맥추절에 성령님이 오셨다. 맥추절에 왜 성령님이 오셨는가? 예수님이 유월절 어린 양으로 이루어놓으신 구원을 이루시려고, 완성시키시려고 오셨다. 이런 의미에서 맥추절은 구원의 과정이라고 할 수 있다. 다시 말하면 예수님이 유월절에 구원을 시작하셨고, 성령님이 오셔서 그 구원의 완성을 위하여 중요한 기여를 하신다. 구원의 중간 과정에 성령님이 개입하시는 것을 나타내는 명절이 맥추절이다.

그렇다면 성령님이 오순절, 즉 맥추절에 오셔서 지금은 어디에 계시는가? 바로 구원 받은 성도 안에 계신다. 우리 안에 계신다. 고린도전서 3장 16절이다.

  "너희는 너희가 하나님의 성전인 것과 하나님의 성령이 너희 안에
  계시는 것을 알지 못하느냐"

이 진리를 아느냐 모르느냐에 따라서 바른 성도의 삶을 사느냐 살지 못하냐가 결정된다.

우리 안에 내주하시는 성령님은 옵서버 즉 참관인 자격으로 오신 것이 아니다. 우리 안에 오신 성령님은 우리의 왕으로 오셨다. 우리의 주인으로 오셨다. 중요한 사실은 왕의 역할을 강제로 하시지는 않는다는 것이다.

우리가 성령님의 내주와 왕의 역할을 인정하고 믿어드릴 때 왕으로서

우리의 삶을 다스려 주신다. 믿음이 중요한 이유다. 여기에서 인생이 실패하느냐 성공하느냐가 결정된다. 우리의 구원 여부가 결정된다. 다시 말하여 예수님이 시작하신 구원의 일을 성령님께서 도와주시는데, 아무나 도와주시는 것이 아니라 믿음생활을 하는 사람만 도와주신다.

이 부분이 잘 안 되면, 추수감사주일이 별 의미가 없어진다. 즉 맥추절의 의미를 잘 모르면 구원을 경험하지 못한다. 더 나아가 진정한 추수감사가 무엇인지 알 수 없게 된다. 예수님을 통해서 주시는 영광의 구원을 바르게 알지 못한다. 왜냐하면 예수님이 유월절을 통하여 이루신 구원의 시작은 성령님의 도움의 과정을 거쳐야 수장절 즉 초막절에서 바른 구원의 완성으로 이어지기 때문이다.

'삼동'신앙이 무엇인가? 주님과 함께 동거하고 동행하고 동역하는 것이다. 이게 어떤 성도에게는 정말 쉬운 것이면서도 또 어떤 사람에게는 결코 쉽지 않은 것이기도 하다. 성경 66권을 한마디로 표현한다면, '혼자 살지 말라'는 것이다. 그렇다. 하나님은 혼자 살지 말고 하나님과 함께 살라고 말씀하신다. 혼자 살면 망하니 주님과 함께 살라는 것이다.

죄의 핵심이 무엇인가? 하나님 없이 혼자 사는 것이다. 죄인 된 우리들은 틈만 나면 혼자 산다. 생각하고 말하고 행동할 때 혼자 살지 말라고 하나님이 반복적으로 말씀하신다. 혼자 살지 말고 보내주신 성령님과 함께 살라 말씀하신다.

요한계시록 3장에 나오는 일곱 번째 교회인 라오디게아 교인들의 근본적인 문제가 무엇이었는가? 혼자 살았다는 사실이다. 그들은 신앙이 미지근했다. 거만하고 교만했다. 하나님 대신 물질을 의지했다. 왜 이런 열매들이 맺힌 것인가? 혼자 살았기 때문이다. 주님과 함께 사는 법을 모르면, 또 안다고 해도 여전히 혼자 살면 엉겅퀴 같은 인생의 열매가 맺힐 수밖에 없다. 그래서 요한계시록 3장 20절에서 주님이 이렇게 말씀하신다.

"볼지어다 내가 문 밖에 서서 두드리노니 누구든지 내 음성을 듣고 문을 열면 내가 그에게로 들어가 그와 더불어 먹고 그는 나와 더불어 먹으리라"

라오디게아 교회 성도들의 심각한 문제인 혼자 사는 것에 대하여 지적하신다. 이 사람들은 불신자가 아니다. 신자들이다.

이 말씀은 우리에게 경종을 울린다. 나부터가 혼자 살 때가 많다. 무엇을 보면 알 수 있는가? 생각하고 말하고 행동할 때 드러난다. 내가 혼자 사는가 아니면 주님 모시고 함께 사는가가 쉽게 드러난다. 주님 모시고 함께 생각하고 말하고 행동하는 것이 믿음생활이다. 주님 모시고 동거하고 동행하고 동역하는 것이 믿음생활이다. 바로 주님 모시고 사는 생활이 믿음생활이다. 맥추절에 오신 성령님 때문에 이것이 가능하게 되었다.

세 번째 명절인 수장절은 우리의 구원과 어떤 관련이 있는가?

수장절은 연종에 거둔 추수를 감사하고 기념하면서 지키는 명절이다. 구원의 관점에서 수장절은 구원의 완성을 뜻한다. 그러니까 유월절로 구원이 시작되고, 맥추절로 구원의 과정이 진행되고, 수장절에서 구원이 완성되는 구조다.

그렇다. 수장절은 구원의 완성을 의미한다. 우리가 추수감사주일을 지키는 이유가 여기에 있다. 알곡을 추수하여 감사하면서 지키는 일차적인 의미도 소중하다. 그러나 천국 창고에 우리가 구원 받은 성도로서, 구원 받은 알곡으로 들어가느냐가 더 중요하다. 우리가 알곡으로 천국 창고에 들어갈 수 있는가를 점검하는 절기가 바로 추수감사주일이다. 이런 이유로 우리가 추수감사주일을 지키는 것이다.

하나님이 성경에서 말씀하시는 구원을 시간적으로 정리해보자.
유월절은 구원의 시작으로 과거의 구원이다.
맥추절은 구원의 과정으로 현재의 구원이다.
수장절은 구원의 완성으로 미래의 구원이다.

수장절의 다른 명칭인 초막절에 대한 말씀에서 구원의 완성 개념이 나온다. 구약성경 스가랴서 14장 16-19절이다.

"[16] 예루살렘을 치러 왔던 이방 나라들 중에 남은 자가 해마다 올라와서 그 왕 만군의 여호와께 경배하며 초막절을 지킬 것이라 [17] 땅에 있는 족속들 중에 그 왕 만군의 여호와께 경배하러 예루살렘에 올라오지 아니하는 자들에게는 비를 내리지 아니하실 것인즉 [18] 만일 애굽 족속이 올라오지 아니할 때에는 비 내림이 있지 아니하리니 여호와께서 초막절을 지키러 올라오지 아니하는 이방 나라들의 사람을 치시는 재앙을 그에게 내리실 것이라 [19] 애굽 사람이나 이방 나라 사람이나 초막절을 지키러 올라오지 아니하는 자가 받을 벌이 그러하니라"

초막절과 관련하여 구원의 완성을 다루는 말씀이다. 즉 종말론적 말씀이다.

예수님이 재림하시는 때에 예루살렘에서 일어나는 현상들을 말한다. 그 때에 모든 열방의 민족들이 예루살렘으로 올라와서 초막절을 지킬 것이라 한다. 만일 올라오지 않는 자들에게는 하나님의 저주가 임할 것을 선포하고 있다. 그러니까 여기 초막절은 종말론적 말씀으로 예수님이 재림하실 때, 진정한 알곡의 추수 때를 말씀하고 있다.

그러니까 초막절은 현재적이면서 동시에 미래적 말씀이다. 현재의 곡식 추수를 감사하면서 미래에 내 자신이 알곡이 되어 천국창고에 들어갈 것을 기다리면서 지키는 절기가 수장절 즉 초막절이다. 모든 분들이 알곡으로 천국 창고에 들어가시기를 바란다.

● ●초막절(알곡으로 천국창고)에 참여하는 방법

그렇다면 누가 초막절에 거룩한 성 예루살렘에 들어갈 수 있는가? 즉 누가 예수님 재림하실 때에 거룩한 성 새 예루살렘에 알곡으로, 하나님의 자녀로 참여할 수 있는가?

그것은 유월절을 통과한 사람이다. 맥추절 성령님과 함께 삼동하는 사람이다. 그런 성도만이 수장절의 알곡으로 천국창고에 들어갈 수 있다.

본문인 누가복음 17장 11-19절에 보면 그 구체적인 비결이 나온다. 아니 알곡이라는 증거가 무엇인지 알 수 있다. 본문에는 나병환자 10명의 이야기가 나온다.

예수님께서 예루살렘으로 가실 때 사마리아와 갈릴리 사이로 지나가시다가 한 마을에 들어가셨는데, 나병환자 열 명이 예수님께 은혜를 구하고 있다. 나병은 그 당시에 저주 받은 병이었다. 한 번 걸리면 고칠 수 없는 병이었다. 그래서 나병환자들은 격리되었다. 정상인들과 함께 살지 못하기 때문에, 이들은 예수님에 대한 소문을 듣고 위험을 무릅쓰고 찾아 왔을 것이다. 하지만 사람들에게 돌 맞을까봐 예수님께 가까이 접근할 수가 없었다. 그래서 멀리 떨어져서 자비를 구하고 있다. 가까이 접근하면 돌에 맞을 수 있기에 그렇게 은혜를 구한 것이다.

예수님은 그들의 목소리를 들으시고 불쌍히 여기셨다. 예수님은 제사장들에게 가서 나병에 걸린 몸을 보이라고 말씀하셨는데 놀라운 일이 일어났다. 가는 도중에 이 사람들의 나병이 고침을 받은 것이다. 불치병이 예수님의 능력으로 고침 받는 역사가 일어났던 것이다. 누가복음 17장 15-16절을 읽어보자.

> "[15] 그 중의 한 사람이 자기가 나은 것을 보고 큰 소리로 하나님께 영광을 돌리며 돌아와 [16] 예수의 발아래에 엎드리어 감사하니 그는 사마리아 사람이라"

유대인도 아닌 이방인인 사마리아 사람만 큰 소리로 하나님께 영광을 돌리고 예수님께 돌아와서 감사드리고 있다. 예수님이 어떻게 반응하시는가? 17-18절이다.

> "[17] 예수께서 대답하여 이르시되 열 사람이 다 깨끗함을 받지 아니하였느냐 그 아홉은 어디 있느냐 [18] 이 이방인 외에는 하나님께 영광을 돌리러 돌아온 자가 없느냐 하시고"

열 명 중에 오직 한 명만이 감사하러 왔다고 말씀하신다. 이방인 외에는 감사하는 자가 없다는 말씀을 보면, 나머지 아홉 명은 유대인일 가능성이 많다. 그러면서 이어지는 19절에서 아주 중요한 말씀을 하신다.

> "그에게 이르시되 일어나 가라 네 믿음이 너를 구원하였느니라 하시더라"

나병에서 고침 받은 사마리아 사람에게 구원받았음을 선언하신다. 그러면 나머지 아홉 명의 구원은 어떻게 되는 것인가? 대단히 유감스럽게도 나머지 아홉 명은 육체적 나병만 고침 받았을 뿐이다. 예수님께 돌아와서 감사드리고 하나님께 감사로 영광 돌린 사람만이 구원의 축복을 받았던 것이다.

구원은 무엇으로 받는가?

그렇다. 예수님을 믿는 믿음으로 구원 받는 것이다. 그러나 위의 본문을 아무리 읽어봐도 이 나병환자가 예수님을 믿었다는 말이 나오지는 않는다. 이 사람이 한 일이라고는 자기 몸을 제사장에게 보이러 가다가 나병을 고침 받았는데, 예수님의 은혜가 너무 감사해서 하나님께 감사로 영광을 돌리고 예수님께 감사드린 것뿐이다.

여기 믿음에 대한 중요한 진리가 있다.

하나님께 드리는 감사가 곧 믿음이라는 사실이다. 하나님이 베풀어 주신 은혜에 감사하는 것을 예수님은 믿음으로 보신 것이다. 더 자세히 말하면 하나님께 감사드리며 사는 것을 믿음의 열매로 보신 것이다.

물론 감사도 감사 나름이다. 다른 사람에게 감사를 잘하는 사람들이 많다. 참 좋은 일이다. 감사를 모르면 안 된다. 어떤 분들은 부모님의 은혜에 대하여 감사를 잊지 않는다. 정말 좋은 일이다. 권장해야 한다. 이런 부분에서 감사가 넘쳐야 한다.

하지만 그런 감사는 잘하고 하나님께는 하지 않는 사람들도 많다.

이 세상에서 가장 중요한 감사는 하나님께 드리는 것이다.

왜 하나님께 드리는 감사가 중요한가?

세 절기 때문이다. 다시 말해서 우리를 구원해주셨기 때문이다.

우리에게 유월절을 주셨기 때문이다.

우리에게 맥추절을 주셨기 때문이다.

우리에게 수장절을 주셨기 때문이다.

즉 우리에게 예수님을 통한 구원의 시작을 주셨고 성령님을 통한 구원의 과정을 주셨고 장차 하나님 아버지께서 예비하신 천국에 알곡으로 참여하는 구원의 완성을 주실 것이기 때문이다.

성도가 유월절의 은혜를 경험했고 맥추절의 은혜를 경험하고 있다면 반드시 나타나는 열매가 있다. 그것이 무엇인가? 감사다. 그냥 감사가 아니라 범사에 감사하는 것이다. 내 마음에 들어도 감사, 들지 않아도 감사한다. 별것도 아닌 것 때문에 마음에 상처 받고 원망하고 불평하는 사람들은 정신 바짝 차려야 한다. 왜냐하면 그런 사람들은 대부분 구원을 경험하지 못하고 구원을 누리지 못하고 있기 때문이다. 그래서 범사에 감사 대신 원망하고 상처 받고 불평하는 것이다. 유월절로 구원이 시작된 사람들, 맥추절로 구원이 바르게 진행되고 있는 사람들, 그래서 영광스러운 수장절을 기다리며 사는 사람들은 범사에 감사한다.

이 감사는 전천후 감사다. 주님께서 시편 50편 23절에서 이렇게 말씀하셨다.

"감사로 제사를 드리는 자가 나를 영화롭게 하나니 그 행위를 옳게 하는 자에게 내가 하나님의 구원을 보이리라"

그렇다. 감사는 구원을 누리고 있다는 분명한 증거가 된다. 뿐만 아니라 감사할 때 하나님이 주시는 구원을 왕성하게 누리게 하시고 아예 그 구원이 무엇인지 보여준다 말씀하신다.

불신자가 누구인가?

감사가 없고 원망 불평하는 사람이 불신자다. 감사거리가 있든 없든 불신자는 원망하고 불평한다. 마음에 드는 일이 있든 없든 불신자는 원망하고 불평한다. 불평할 건수를 한 번 잡으면 사나운 불독처럼 물고 놓지 않는다. 원망과 불평의 함정에서 벗어나지 못한다. 왜냐하면 하나님의 주권을 믿지 못하기 때문이다. 그 종착역이 어디일까? 원망과 불평의 종착역은 멸망이다.

신자가 누구인가?

어떤 일이 있어도 감사를 빼앗기지 않는 사람이다. 눈앞에 펼쳐지는 상황이 어떠하든지 하나님 앞에 감사드린다. 매 주일 주님 앞에 나올 때 감사예물을 드린다. 감사거리가 있을 때 넘치는 감사를 드린다. 또 자신의 마음에 들지 않는 상황이 펼쳐져도 하나님께 드리는 감사의 기회를 빼앗기지 않는다. 원망을 내쫓고 불평을 멀리한다. 입술의 열매에 감사가 풍성하다. 왜 범사에 감사할까? 하나님의 주권을 믿기 때문이다. 하나님이 온 세계와 역사와 개인의 삶의 주인이심을 믿기 때문이다.

이게 신자의 표지다. 그 종착역이 어디일까? 천국이다. 구원의 완성이다.

●●나오며

추수감사주일을 지키는 두 가지 이유가 있다. 수장절, 초막절을 지키는 이유다.

첫째는 이 땅에서 우리의 물질적 필요를 채우시는 하나님께 감사드리기 위함이다.

특별히 곡식 추수에 대한 감사다. 몇 십 년 전만 해도 하루 세 끼 먹고사는 사람들을 부러워했었다. 쌀밥 먹는 사람들을 부러워했었다. 그러나 지금 우리들은 너무나 감사하다. 오히려 너무 먹을 것이 많아서 탈이다. 살 빼는 일에 힘쓰는 사람들도 넘쳐 날 정도다.

둘째는 우리가 장차 알곡으로 천국창고에 들어가기 위함이다.

추수감사주일을 지키면서 우리의 구원을 점검하는 것이다. 무엇을 통하여 점검하는가?

먼저는 나에게 유월절이 분명하게 시작되었는지를 점검하는 것이다. 유월절은 구원의 시작이라 했다. 내 자신이 예수님을 바르게 믿고 있는가? 바르게 믿는다는 말은 한마디로 '주님'으로 믿고 있느냐다. '주인님'으로 믿고 있느냐다. 명칭만 주인님인 사람들이 너무나 많다. 입으로만 주님이고 나머지는 여전히 자신이 주인이면, 유월절이 시작되었다고 볼 수 없다.

유월절이 시작되었으면, 필연 맥추절의 축복이 주어진다. 바로 성령님께서 우리 안에 내주하신다는 말이다. 그래서 본격적인 삼동이 실현된다. 즉 주님과 함께 동거하고 동행하고 동역하는 역사가 일어난다. 전능하신 성령님이 우리 안에 오셔서 왕으로 다스려주신다. 이 진리를 우리가 믿어드리는 것이다. 그 때 구원의 역사가 왕성하게 일어난다. 우리의 모든 삶의 영역에서 기독교 신앙이 이론일 뿐만 아니라 실체로 드러남을 경험하는 것이다.

이 두 가지, 즉 유월절과 맥추절이 내 안에서 살아 움직일 때 우리에게 나타나는 증상이 있다. 그것이 무엇인가? 바로 감사다. 전천후 감사다. 범사에 하나님께 감사드린다. 하나님께서 개인과 나라와 온 우주의 주관자이심을 믿기 때문이다.

감사하는 신앙을 보면 알곡인지 쭉정이인지 알 수 있다. 그러나 유월절과 맥추절의 영광을 누리지 못하면 감사 대신 원망과 불평과 섭섭함이 있다. 신자라고 하지만 원망과 불평을 입에 달고 사는 사람들은 예수님을 처음부터 다시 믿어야 한다. 불신자들은, 본문에 나오는 나병을 고침 받은 대부분의 사람들처럼 감사를 모른다. 하나님이 역사의 주인이심을 믿지 않기 때문이다. 나병이 고침 받은 것보다 구원이야말로 천만 배는 더 귀한 가치가 있지만, 그 구원을 모르기 때문에 감사가 없는 것이다.

유월절을 통과하여 구원이 시작되고, 맥추절 성령님이 우리 안에 오시면 전능하신 하나님과의 동거와 동행과 동역이 시작된다. 인생길을 혼자 걸어가지 않는다. 주님과 함께 걸어간다. 이렇게 될 때 열 명의 나병 환자 가운데 '그 중의 한 사람 만'이 예수님께 돌아와서 감사드림으로 구원 받은 것처럼, 우리도 '그 중의 한 사람'이 될 수 있다.

주님과 함께 수장절의 영광에 동참하는 '그 중의 한 사람'이 되기 바란다. 최후의 추수 날에 천국 창고에 알곡으로 들어가는 '그 중의 한 사람'이 되기를 바란다.

토의 문제

1. 구약의 3대 감사 절기에 대하여 나눠 보라.

2. 구약의 3대 감사 절기는 유월절, 맥추절(오순절, 칠칠절), 수장
   절(초막절, 장막절)이다.

1) 유월절의 구원사적 의미에 대하여 나눠 보라.

2) 맥추절의 구원사적 의미에 대하여 나눠 보라.

3) 수장절의 구원사적 의미에 대하여 나눠 보라.

3. 어떻게 할 때 초막절에 알곡으로 천국창고에 들어갈 수 있는지를 나눠 보라.

4. 누가복음 17장 11-19절에 나오는 고침 받은 그 한 사람처럼 하나님께 감사하고 있는지를 나눠 보라.

2
복음의 일꾼, 교회의 일꾼 (골 1:23-29)

교회가 무엇인가? 대부분 교회는 건물을 떠올리게 한다. 그것도 틀렸다고 말할 수는 없다. 사람들이 모여 예배를 드리는 건물도 교회다. 대부분 지역마다 있는 지역 교회들이다.

하지만 성경에서 말하는 교회의 개념은 더 중요한 것을 말한다.

바로 예수님을 믿는 둘 이상의 성도들의 모임을 교회라고 한다. 그래서 신약성경에 보면, '누구 집에서 모이는 교회'라는 식으로 표현하고 있다. 이 말은 누구네 집에서 모인 성도들의 모임이 교회라는 말이다.

더 실감나게 교회를 설명하면 성전이다. 성전은 거룩한 집이다. 왜 거룩한 집인가? 세상과 구별되고 분리되어 있기 때문에 거룩한 집이 되는 것이다. 성전이야말로 성도들의 모임이다. 성도들의 모임 안에 거룩하신 하나님이 함께 거하신다.

이 교회를 예수님이 피로 값 주고 사셨다고 성경은 말씀한다. 즉 성도들을 예수님이 피로 값 주고 사셨다는 것이다. 천국에 누가 가는가? 바로 이 교회가 간다. 이 성전이 천국에 간다.

에베소서 2장 19-22절에서, 교회에 대하여 이렇게 말씀한다.

"[19] 그러므로 이제부터 너희는 외인도 아니요 나그네도 아니요 오직 성도들과 동일한 시민이요 하나님의 권속이라 [20] 너희는 사도들과 선지자들의 터 위에 세우심을 입은 자라 그리스도 예수께서 친히 모퉁잇돌이 되셨느니라 [21] 그의 안에서 건물마다 서로 연결하여 주 안에서 성전이 되어 가고 [22] 너희도 성령 안에서 하나님이 거하실 처소가 되기 위하여 그리스도 예수 안에서 함께 지어져 가느니라"

얼마나 놀라운 말씀인가? 예수님이 교회의 모퉁잇돌이 되신다고 말씀한다. 그리고 예수님을 믿는 성도들이 그 위에 벽돌이 되어 서로 연결하여 하나님이 거하시는 영원한 성전, 영원한 교회로 지어져 간다고 말씀하고 있다.

그러니까 지상에 존재하는 교회는 두 가지 특징을 동시에 가지고 있다. 하나는 눈에 보이는 건물교회다. 이 건물교회는 지역마다 존재한다. 나름대로 조직을 갖추고 있다. 또 하나는 사람교회다. 예수님을 믿는 성도들의 연합체다. 따라서 교회라는 말을 들으면 이 두 가지 개념을 함께 생각해야 한다.

본문에 보면 이 교회에 일이 있고 일꾼이 있다고 말씀한다. 골로새서 1장 25절이다.

"내가 교회의 일꾼 된 것은 하나님이 너희를 위하여 내게 주신 직분을 따라 하나님의 말씀을 이루려 함이니라"

사도 바울은 자신이 교회의 일꾼이 되었다고 말씀한다. 일꾼이 된 목적은 자신에게 하나님이 주신 직분을 가지고 하나님의 말씀을 이루려 함이라고 한다. 여기 하나님의 말씀을 이룬다는 것은 무슨 뜻인가? 본문에는 '교회의 일꾼'을 다른 말로 표현하고 있는데, 그 말을 보면 하나님의 말씀을 이루는 것이 무엇인지 알 수 있다.

골로새서 1장 23절이다.

"만일 너희가 믿음에 거하고 터 위에 굳게 서서 너희 들은 바 복음의 소망에서 흔들리지 아니하면 그리하리라 이 복음은 천하 만민에게 전파된 바요 나 바울은 이 복음의 일꾼이 되었노라"

교회의 일꾼을 다른 말로 어떻게 표현하고 있는가? 그렇다. '복음의 일꾼'이다. 그러므로 교회의 일꾼이 잊지 말아야 할 사실이 이것이다. 바로 복음의 일꾼이 교회의 일꾼이라는 말이다. 따라서 교회의 일꾼이 하나님의 말씀을 이루는 것은 복음의 일꾼이 되는 것이다.

● ●교회의 일꾼, 복음의 일꾼이 하는 일(23, 25-28절)

교회에는 교회의 일꾼 즉 복음의 일꾼을 부르는 호칭이 있다. 바로 교회의 여러 가지 직분이다. 권찰, 집사, 권사, 안수집사, 장로, 목사 등이 여기에 해당된다. 하나님께서 주신 이 직분들은 교회의 일 다시 말해서 복음의 일을 하라고 주신 직분들이다. 만약 직분을 가지고 있는데 복음의 일을 하지 않는다면 왜 그런가? 배우지 않아서 그럴 수 있다. 그러면 배우면 된다. 그런데 알고 있으면서도 하지 않는다면 어떻게 되는가? 복음의 일꾼으로 주시는 엄청난 영광과 축복을 누릴 수 없다. 복음의 일은 억지로 하는 것이 아니다. 기쁨으로 감당하게 되어 있다. 또 우리의 힘만으로 하는 것이 아니다. 복음의 일은 보상이 너무 엄청나다.

그러면 구체적으로 복음의 일이 무엇인지 살펴보자. 복음의 일을 바로 알기 위해서는 먼저 복음이 무엇인지 알아야 한다. 골로새서 1장 26-27절이다.

"[26] 이 비밀은 만세와 만대로부터 감추어졌던 것인데 이제는 그의 성도들에게 나타났고 [27] 하나님이 그들로 하여금 이 비밀의 영광이 이방인 가운데 얼마나 풍성한지를 알게 하려 하심이라 이 비밀은 너희 안에 계신 그리스도시니 곧 영광의 소망이니라"

복음이 무엇인가? 하나님은 비밀이라고 말씀하신다. 그 비밀이 만세와 만대로부터 감추어졌던 것인데 이제 그의 성도들에게 나타났다고 말씀하신다. 하나님은 그 비밀의 영광을 이제는 이방인들에게도 열어주셨고 그 비밀의 영광이 얼마나 풍성한지를 이방인들에게 알게 하려 하신다고 말씀하신다.

그렇다면 이 비밀이 무엇인가? 이 복음이 무엇인가? 바로 예수님이시다.

이것이 중요하다. 복음이 지금까지 비밀에 붙여 왔었다는 사실을 아는 것이 중요하다. 다시 말하면 복음이신 예수님이 지금까지 비밀에 붙여 오다가 때가 되어 드러났다는 말이다. 온 세상에 때가 되어 나타나신 것이다. 이 예수님의 영광은 너무나 풍성하다고 말씀하신다.

골로새서 2장 3절에서 예수님의 그 영광을 이렇게 말씀한다.

"그 안에는 지혜와 지식의 모든 보화가 감추어져 있느니라"

예수님의 영광이 감추어져 있다고 말씀하고 있다. 그런데 이 영광이 성도들에게 드러났다는 말씀이다. 누구든지 원하면 하나님이 그 영광을 알게 하시고 맛보게 하시고 누리게 하신다. 예수님 안에 있는 지혜와 지식의 모든 보화를 누리게 하신다.

이것이 복음이다. 이것을 비밀이라고 하신다. 이 복음의 비밀이 예수님이라고 하신다. 이 비밀을 알게 되는 기쁨이 있다. 이 비밀을 알게 될 때 나타나는 반응이 있다. 무엇인가? 바로 이 복음의 일꾼이 된다는 사실이다. 교회의 일꾼이 된다.

그러면 반대로 이 복음의 비밀을 모르면 어떻게 되는가? 복음의 비밀인 예수님을 모르면 어떤 반응을 하는가? 반응이 없다. 복음에 대하여 감격하지도 않는다. 복음을 이야기해도 그냥 덤덤하다. 복음의 일꾼에 대한 생각이나 개념도 없다. 그러므로 모든 성도는 무엇보다도 복음을 알아야 한다. 복음의 영광을 알아야 한다. 아니 성도라면 기본적으로 자동적으로 그 복음의 영광을 알게 되어 있다. 누리게 되어 있다. 따라서 정상적인 성도는 복음의 영광을 누리며 복음의 일에 대하여 관심을 가지게 된다.

복음의 비밀이신 예수님을 알게 되어 복음의 일꾼이 되면 그 마음이 어떨까? 부담 백배일까? 아니면 기쁨 백배일까? 후자다. 억지로 하는 일이 아니다. 억지로 할 수 있는 일도 아니다. 자원하는 마음이 생긴다. 기쁨으로 감당하게 된다.

그렇다면 그 복음의 일이 구체적으로 무엇인가?
골로새서 1장 28절이다.

"우리가 그를 전파하여 각 사람을 권하고 모든 지혜로 각 사람을 가르침은 각 사람을 그리스도 안에서 완전한 자로 세우려 함이니"

복음의 일은 두 가지다. 첫째는 복음의 비밀인 예수님을 전파하는 것이고, 둘째는 복음의 비밀인 예수님에 대하여 가르치는 것이다. 첫째와 둘째가 서로 연결되어 있다. 예수님을 전파한다는 것은 예수님을 모르는 사람들에게 복음을 전한다는 뜻이고, 예수님에 대하여 가르친다는 것은 예수님을 믿은 사람들에게 예수님이 행하신 일에 대하여 더 자세하고 풍성한 진리를 알려준다는 말이다. 그렇다. 복음의 일꾼, 교회의 일꾼이 감당하는 일은 복음 전파와 양육이다.

먼저 복음의 일꾼, 교회의 일꾼은 전파하는 일에 시간을 떼어 놓아야 한다. 또 양육하는 일에 시간을 떼어 놓아야 한다. 가장 좋은 방법은 전도하는 모임에 소속하는 것이다. 일주일에 한 번은 복음전파를 위하여 시간을 떼어 놓고 사용하는 것이다.

전도폭발 사역이나 전도대 사역에 들어가서 활동하면 더욱 좋다. 전도에 열정을 가진 복음의 일꾼들과 함께 복음을 전파할 수 있다. 성령님의 강력한 역사를 경험하면서 복음의 일꾼의 사명을 기쁨으로 감당할 수 있다. 시간이 여의치 않으면 삶 속에서 시간을 정해 놓고 개별적으로 예수님을 전하면 된다. 그것을 위하여 기도하면서 복음의 통로로 주님께 쓰임 받아야 한다.

복음의 일꾼, 교회의 일꾼이 해야 하는 두 번째 일은 양육하는 것이다.

복음의 비밀인 예수님을 전파하면 하나님께서 반드시 열매를 주신다. 귀한 생명들이 예수님을 믿고 하나님의 자녀들이 된다. 어떻게 이것을 알 수 있는가? 바로 우리 자신들이 그 증인이 아닌가? 우리도 누군가가 복음을 전파하여 그 복음을 믿고 성도가 된 것이다.

골로새서 1장 28절b에서 "각 사람을 가르침은"이라는 말씀이 바로 양육에 대한 말씀이다. 만일 전파만 하고 양육하지 않으면 어떻게 될 것인가? 이것은 말이 안 된다. 마치 아이를 낳기만 하고 방치하는 것과 같은 것이다. 그렇게 될 때 아이가 성장할 수 없는 것처럼 복음을 전파만 하고 양육하지 않으면 제대로 성장하지 못하게 된다. 또 성장한다 해도 기형적인 신앙생활을 하게 된다. 바른 하나님의 말씀으로 양육 받지 못했음으로 인하여 성경적인 믿음생활이 아닌 자기 나름대로 하나님을 섬기게 된다.

이런 이유로 하나님이 보내주시는 새 신자를 바르게 양육해야 한다. 하나님의 말씀으로 키워야 한다. 이런 일을 위하여 양육자가 필요한 것이다. 이 양육을 위해서도 우리의 시간을 떼어 놓아야 한다.

그러면 복음을 전파하여 양육을 하는 기분은 어떨까?

간단하다. 우리 아이 키울 때 생각하면 된다. 아이 키우는 기쁨은 말로 표현할 수 없다. 자녀가 태어날 때도 큰 기쁨이 있지만 키우는 기쁨도 작지 않다. 물론 기쁨만 있는 것은 아니다. 그러나 아이를 키우는 즐거움은 그 어떤 것에도 비교할 수 없다.

왜 그런가? 양육의 결과 때문이다. 본문인 골로새서 1장 28절에는 양육의 열매, 결과가 나와 있다. 그것은 바로 "그리스도 안에서 완전한 자로 세우는 것"이다. 전파하여 들어온 하나님의 백성들에게 하나님의 말씀으로 양육하면 그리스도 안에서 완전한 자로 세워진다.

이 즐거움의 영광은 그 어떤 것과도 비교할 수 없다. 사실 말이 양육이지, 양육을 하다보면 하나님이 왜 말씀으로 가르치라고 하셨는지 알 수 있다. 그것은 바로 가르치는 그 사람이 최고의 축복을 받는다는 데 있다. 어떤 축복인가? '그리스도 안에서 완전한 자로 세워져 가는 축복'이다. 다른 사람을 세우기 이전에 가르치는 자신이 먼저 그 복을 받는다는 말이다. 따라서 양육자로 헌신하는 것은 사실 자신의 축복을 전제하는 것이다. 이런 복을 충만히 누리시기를 바란다.

그러면 그리스도 안에서 완전한 자로 세워진다는 의미가 무엇인가?

예수님을 닮아간다는 말이다. 마태복음 5장 3-10절에 팔복이 나온다.

"³ 심령이 가난한 자는 복이 있나니 천국이 그들의 것임이요

⁴ 애통하는 자는 복이 있나니 그들이 위로를 받을 것임이요

⁵ 온유한 자는 복이 있나니 그들이 땅을 기업으로 받을 것임이요

⁶ 의에 주리고 목마른 자는 복이 있나니 그들이 배부를 것임이요

⁷ 긍휼히 여기는 자는 복이 있나니 그들이 긍휼히 여김을 받을 것임이요

⁸ 마음이 청결한 자는 복이 있나니 그들이 하나님을 볼 것임이요

⁹ 화평하게 하는 자는 복이 있나니 그들이 하나님의 아들이라 일

컬음을 받을 것임이요

¹⁰ 의를 위하여 박해를 받은 자는 복이 있나니 천국이 그들의 것임이라"

여기 나오는 성품들은 예수님의 성품들이다. 이런 성품을 소유한 자로 세워진다는 말씀이다.

갈라디아서 5장 22-23절이다.

"²² 오직 성령의 열매는 사랑과 희락과 화평과 오래 참음과 자비와 양선과 충성과 ²³ 온유와 절제니 이같은 것을 금지할 법이 없느니라"

이것들도 예수님의 성품들이다. 이런 성품을 소유하게 된다는 말씀이다.

우리 모두 이 축복을 누리는 삶을 살아가기 바란다.

교회의 일, 복음의 일을 하면서 잊지 말아야 할 것(24절)

교회의 일꾼 즉 복음의 일꾼의 영광은 말로 다 표현할 수 없다. 성도라면 결코 이 축복을 놓쳐서는 안 된다. 그런데 한 가지 또 생각해야 할 것이 있다. 복음의 일을 할 때 사탄이 강력하게 방해를 한다는 사실이다. 고린도후서 4장 3-4절이다.

"³ 만일 우리의 복음이 가리었으면 망하는 자들에게 가리어진 것
이라 ⁴ 그 중에 이 세상의 신이 믿지 아니하는 자들의 마음을 혼미하
게 하여 그리스도의 영광의 복음의 광채가 비치지 못하게 함이니 그
리스도는 하나님의 형상이니라"

먼저 믿지 않는 사람들에게 사탄이 역사한다. 특히 그들의 마음을 혼
미하게 하여 그리스도의 영광의 복음의 광채가 비치지 못하게 만든다.
우리가 복음을 전파하고 양육할 때 이 점을 명심해야 한다. 교회에 잘
다니다가 갑자기 나오지 않는 사람들이 있다. 관심을 갖고 돌보아 주
려고 하면 '상관하지 말라' 한다. 이유가 무엇인가? 사탄의 역사로 그
마음이 혼미해졌기 때문이다. 불신자들에게 복음을 전하다 보면 이런
일이 비일비재하다. 전혀 복음을 들으려 하지 않고 또 들어도 전혀 이해
하지 못한다.

사탄의 역사는 이미 믿고 있는 성도들, 특히 복음을 전하는 우리에게
도 일어난다. 골로새서 1장 24절이다.

"나는 이제 너희를 위하여 받는 괴로움을 기뻐하고 그리스도의 남
은 고난을 그의 몸 된 교회를 위하여 내 육체에 채우노라"

우리가 자녀를 키울 때 언제나 기쁨만 있는 것이 아님을 잘 안다. 자
녀를 양육할 때 힘들게 하는 요소들이 적지 않다. 밖에서 오는 방해 요

소들도 있고 내부적으로 아이들 자체에 문제가 있는 경우도 있다. 그 때마다 우리는 힘에 겨워 한숨을 쉬기도 한다. 그러나 그 모든 과정은 아이들이 성장하는데 필요하다. 아이들을 온실 속에서 키우는 것뿐만 아니라 광야의 찬바람 가운데서도 키울 필요가 있다. 자녀들과 관련하여 환경과 상황 자체가 우리의 통제력을 벗어나는 힘든 상황을 만날 때도 있다. 그런가하면 때로는 아이들이 잘못할 때 싫은 소리도 하고 훈계도 한다. 이런 모든 과정 속에서 아이들이 성장해 가는 것이다.

영적인 영역도 마찬가지다.

해 뜨는 날만 있는 것이 아니다. 구름 끼고 비 오는 날도 있다. 주로 사탄의 방해로 일어나는 것들이다. 우리가 복음을 전파할 때, 우리가 성도들을 양육할 때 일어나는 괴로움이 있다. 고난이 있다. 이런 괴로움과 고난을 있을 때 힘에 부치기도 한다.

그러나 이런 현상이 일어날 때 하나님은 놀라운 사실, 영광스러운 사실을 동시에 말씀하고 있다. 전도하고 양육하면서 받는 그 고난이 어떤 고난이라 말씀하는가? 바로 '그리스도의 남은 고난'이라고 표현한다. 이 말은 놀라운 말이고 위대한 말이다. 예수님이 십자가에서 죽으시고 살아나심으로 우리를 위한 고난을 당하셨던 것이다.

성경은 예수님의 십자가 죽으심과 부활로 말미암아 영원한 성전건축의 기초를 놓았다고 말씀한다. 그래서 예수님을 성전의 기초 돌이라, 성전의 모퉁잇돌이라 하고 성전의 머릿돌이라 말씀하기도 한다. 성전의 튼튼한 기초를 예수님이 놓으시고 성도 된 우리들이 낱개의 벽돌이 되어 그 위에 얹혀짐으로 성전건축이 완성되는 것이다. 바로 그 과정에서 겪는 괴로움과 고난을 '그리스도의 남은 고난'으로 표현하고 있다.

사도 바울은 그 괴로움과 고난을 '기뻐한다'고 말씀한다. 얼마나 놀라운 말씀인가? 이것은 복음의 비밀인 예수님을 전파하고 양육해 보면 무슨 뜻인지 안다. 하지만 예수님을 전하지 않고 양육하지 않으면 결코 알 수 없는 기쁨이다. 이 기쁨과 영광을 알기에 사도 바울은 "그리스도의 남은 고난을 그의 몸 된 교회를 위하여 자신의 몸에 채운다"고 말씀한 것이다.

그리스도의 남은 고난은 이렇게 받는 것이다. 고난주간에 금식한다고 그리스도의 고난에 동참하는 것이 아니다. 예수님을 전하고 양육하다가 당하는 고난이야말로 성경에서 말씀하는 '그리스도의 남은 고난'이다.

하지만 많은 성도들이 이 괴로움과 고난을 두려워한다. 이유가 무엇인가? 해보지 않았기 때문이다. 복음의 비밀인 예수님을 전하고 양육해 보면 왜 주님께서 그 일을 부탁하셨는지를 알 수 있다. 해 보지 않으면 아예 지레 겁을 먹는다. 하지만 복음의 일꾼으로 전도와 양육을 하면서 고난을 받아보면, 전혀 다른 세계로 들어간다. 그리스도의 남은 고난은 고난이지만 고난으로 끝나지 않는다는 사실을 발견한다. 그리스도의 남은 고난을 받으면 더 이상 고난으로 다가오지 않는다. 고난은 고난인데 그 안에서 '브니엘'(하나님의 얼굴)의 경험을 한다. 즉 하나님을 뵙는 하나님의 임재의 영광 속에서 살아가는 복을 누리게 된다. 브니엘의 영광중에 살아가는 비결이 여기에 있다. 브니엘의 영광은 하나님과 함께 동거하는 영광이다.

그러므로 우리가 예수님을 믿고 하나님의 자녀가 되었다면 예수님을 전하고 예수님을 가르쳐야 한다. 어떤 형태로든지 복음을 전하는 삶을 살아내야 한다. 뿐만 아니라 그 귀한 영혼들을 양육하는 일에 시간을 들여야 한다. 교회에서 준비한 과정대로 양육해야 한다. 전파하고 양육하는 삶에 헌신하는 우리 모두가 되자.

●●복음의 일, 교회의 일을 하는 방법(29절)

사실 복음을 전파하고 양육하는 일은 우리 혼자 하는 것이 아니다. 복음을 전파하고 양육하다가 받는 어려움이나 고난도 마찬가지다. 교회의 일꾼, 복음의 일꾼들이 그 일을 감당할 수 있는 이유가 따로 있다. 골로새서 1장 29절이다.

"이를 위하여 나도 내 속에서 능력으로 역사하시는 이의 역사를 따라 힘을 다하여 수고하노라"

우리 혼자 그 일을 하는 것이 아니다. 여기 동역의 위대한 역사가 있다.

복음 전파와 양육을 위하여 우리 말고도 이 일을 하시는 분이 있다. 물론 삼위일체 하나님이시다. 그러나 29절에서 말씀하는 주인공이 누구인가? 바로 성령 하나님이시다. 성령 하나님께서 성도 안에서 역사하신다고 말씀한다.

예수님을 영접할 때 성령님이 성도 안으로 들어오셔서 함께 영원히 사신다. 고린도전서 6장 19절에, "너희 몸은 너희가 하나님께로부터 받은바 너희 가운데 계신 성령의 전인 줄을 알지 못하느냐 너희는 너희 자신의 것이 아니라"고 말씀한다.

예수님을 믿을 때 우리는 성령님의 전, 성령님의 집이 된다. 성령님이 우리 안으로 영원히 이사를 오셨기 때문이다. 그분이 우리 안에서 하시는 가장 중요한 일이 무엇인가? 29절에서 **"역사하신다"**고 말씀하는 그 역사가 무엇인가? 바로 예수님을 전파하고 구원 받은 성도들을 양육하는 일이다. 성령님께서 그 일을 앞장서서 하신다는 말이다.

여기서 동역의 개념이 나온다. 성령님과 우리의 동역이다. 무엇에 대한 동역인가? 예수님 전파와 하나님의 말씀을 양육하는 일에 동역하는 것이다. 그런데 이 동역에는 원리가 있다. 성령님께서 우리 안에서 역사하시는 것이 먼저다. 우리는 성령님의 역사를 따라가면 된다.

일단 성령님께서 우리 안에서 역사하셔서 복음전파와 양육에 대하여 우리가 할 일이 무엇인지 깨닫게 되면 어떻게 하는가? 힘을 다하여 수고

하면 된다. 우리가 할 수 있는 범위 내에서 최선을 다하면 된다는 말이다.

교회에서 감당하는 모든 복음 전도는 이 원리 위에서 행해지는 것이다. 교회 전도대 안에서 전도하는 사역도 우리 안에서 행하시는 성령님의 인도함을 받아야 한다. 일상의 삶속에서 복음을 전하는 삶도 성령님의 인도하심을 받아야 한다.

성령님께서 성도 안에서 분명하게 역사하신다. 이끌어 주시고 도와주신다. 불신자로 하여금 마음 문을 열게 하시고 복음을 전하는 사람에게 능력도 주신다.

복음전파와 양육에 대하여 부담을 갖는 사람이 있다면 성령님의 인도하심을 모르기 때문이다. 이 위대한 성전건축의 일은 성령님께서 주도하신다. 우리 안에서 그 일을 하신다. 우리 안에서 역사하신다는 의미가 그것이다. 전도할 사람들을 생각나게 하시고 복음의 현장인 교회로 인도할 사람들을 보게 하시고 생각나게 하신다. 복음 전할 기회도 주시고 복음의 내용을 생각나게도 하시고 그 환경으로 이끌어주시기도 한다. 이런 일련의 과정을 '우리 안에서 역사하신다.'고 표현하는 것이다.

또 그렇게 예수님을 믿기 시작한 성도들에게 하나님의 말씀으로 양육할 수 있는 특권도 주신다. 그 방법도 생각나게 하신다. 빌립보서 2장 12-14절이다.

"^{12} 그러므로 나의 사랑하는 자들아 너희가 나 있을 때뿐 아니라 더욱 지금 나 없을 때에도 항상 복종하여 두렵고 떨림으로 너희 구원을 이루라 ^{13} 너희 안에서 행하시는 이는 하나님이시니 자기의 기쁘신 뜻을 위하여 너희에게 소원을 두고 행하게 하시나니 ^{14} 모든 일을 원망과 시비가 없이 하라"

우리 안에서 행하시는 이가 하나님이라고 말씀한다. 성령님의 행하심을 말씀한다. 성령님은 자기의 기쁘신 뜻을 위하여 우리에게 소원을 두고 행하게 하신다. 우리 안에서 역사하실 때 그 역사가 우리의 소원으로 드러난다. 구원 받은 하나님의 백성이라면 하나님은 그 사람에게 소원의 형태로 우리의 길을 인도하신다.

따라서 우리는 성령 안에서 기도해야 한다. 이 말은 성령님께서 우리 안에 들어오셔서 우리와 함께 살고 계심을 믿으면서 기도해야 한다는 말이다. 뿐만 아니라 성령님께서 복음을 전하고 양육하도록 인도하심을 믿고 기도해야 한다는 말이다.

이것이 교회의 일꾼, 복음의 일꾼이 복음의 일을 하는 방법이다. 우리 혼자 힘으로 아예 감당할 수 없다. 그래서 하나님이 성령님을 보내셔서 교회의 일 복음의 일을 성령님을 따라 하게 하셨다. 성령님과 동역하게 하셨다.

그러므로 우리 중에 주님의 복음을 전하고 양육하는 일을 어떤 형태로든지 하고 있다면 성령님과 바르게 동역하고 있다고 볼 수 있다. 하지만 주님의 복음을 전하고 양육하는 일에 무관심하다면 성령님과 바른 동역을 한다고 볼 수 없다.

그러므로 교회의 일꾼 복음의 일꾼이 되는 것은 힘들고 어려운 것이 아니다. 우리 안에서 행하시고 역사하시는 성령님의 인도하심을 받아서 하면 되는 일이다. 우리의 힘과 능력이 미천함에도 하나님께서 우리를 동역자로 세우신 것이 영광이다. 우리는 성령님의 인도하심을 따라 주님께 불신자를 인도하고 전도하면 된다. 전도는 하나님이 천국백성을 부르는 유일한 방법이다. 고린도전서 1장 21절이다.

"하나님의 지혜에 있어서는 이 세상이 자기 지혜로 하나님을 알지 못하므로 하나님께서 전도의 미련한 것으로 믿는 자들을 구원하시기를 기뻐하셨도다"

하나님은 아예 전도가 미련한 것이라 말씀하신다. 누구에게 미련한 것인가? 세상 사람들에게 미련한 것이다. 그래서 복음을 전할 때 사람들이 비웃고 비난하고 심하면 크게 반발하는 것이다. 그러나 하나님은 세상 사람들이 미련하다고 하는 전도를 통하여 천국백성을 부르신다. 하나님의 위대한 성전건축을 행하신다. 그래서 고린도전서 1장 18절에서 이렇게 말씀하시는 것이다.

"십자가의 도가 멸망하는 자들에게는 미련한 것이요 구원을 받는 우리에게는 하나님의 능력이라"

십자가의 도, 예수님으로 말미암는 구원의 원리가 세상 사람들에게는 미련한 것이라고 말씀한다. 복음을 전해보면 실감난다. 그러나 중요한 사실은 구원을 받는 성도들에게는 하나님의 능력 자체다. 예수님 죽음 내 죽음, 예수님 부활 내 부활이라는 진리는 위대한 능력의 보고다. 이 진리를 고백할 때 힘이 불끈 솟는다. 지옥의 권세가 무너지고 천국이 도래하는 능력의 말씀이다. 수많은 사람들을 음부의 권세에서 하나님 나라로 인도한 능력의 복음이 십자가의 도다. 예수님의 죽음과 부활이다.

성령님께서 우리 안에서 역사하실 때 이 십자가의 도를 사용하게 하신다. 수많은 영혼들을 마귀의 손아귀에서 건져내는데 특효약이기 때문이다.

●●나오며

　세상에서도 일자리가 중요하다. 집권한 정부가 정권을 지키느냐 못 지키느냐 하는 것은 거의 일자리가 결정한다. 일자리를 많이 만드는 정부는 계속 안정적으로 권력을 잡는다. 그러나 무능해서 경제를 어렵게 하고 국민들의 삶을 팍팍하게 하면 정권을 잃게 된다. 왜냐하면 국민들이 힘들어지기 때문이다. 육아나 자녀교육이나 노후의 안정적인 삶이 위협을 받게 된다.

　하나님의 나라도 마찬가지다. 이 땅에서 하나님 나라를 대표하는 교회도 마찬가지다. 교회에도 일이 있다. 교회의 일이다. 다른 말로 복음의 일이다. 그래서 교회의 일꾼이 필요하고 복음의 일꾼이 필요하다. 교회의 일꾼 된 사람들이 복음의 일에 관심을 가지지 않으면 영적인 삶이 팍팍해진다. 신앙생활을 계속하면 할수록 메말라간다. 무료해지고 영적 우울증에 걸리기도 한다. 왜 사는지, 왜 교회에 오는지 헷갈린다. 영혼의 생생함을 유지하지 못한다. 이유는 교회의 일에 무관심하기 때문이다. 복음의 일에 무관심하기 때문이다.

　교회의 일, 복음의 일은 하나님이 우리를 골탕 먹이시려고 만들어 놓은 일이 아니다. 우리 성도들에게 세상사는 맛을 알게 하시고 영원한 생명이 무엇인지 경험하게 하시려는 목적으로 만들어 놓으신 일이다. 그래서 교회의 일 즉 복음의 일을 하게 되면 그 영광에 동참하게 된다.

교회의 일 즉 복음의 일을 하는 사람들을 일컬어 하나님은 당신의 동역자라 부르신다. 영광스러운 호칭이다. 주님께서 동역의 자격과 영광은 아무에게나 주시는 것이 아니다. 예수님의 피로 값 주고 사신 하나님의 자녀들에게만 주시는 축복이다.

이 복음의 일에 동역을 할 때 삶의 의욕을 느낀다. 삶의 보람을 느낀다. 영혼의 생생함을 누린다. 신바람이 난다. 영혼의 축복을 넘어 육신의 축복도 받는다. 먹고 입고 쓰는 데 필요한 축복도 하나님이 주신다. 이 일을 감당할 때 영혼이 잘되고 범사가 잘되고 강건케 되는 축복의 역사가 일어난다.

한 평생, 교회의 일꾼으로 복음의 일꾼으로 살아가자.

토의 문제

1. 교회의 일꾼이 왜 복음의 일꾼인지를 나눠 보라.

2. 복음의 일이 구체적으로 무엇인지 나눠 보라.

"우리가 그를 전파하여 각 사람을 권하고 모든 지혜로 각 사람을 가르침은 각 사람을 그리스도 안에서 완전한 자로 세우려 함이니"(골 1:28)

3. 나는 이 복음의 일을 어떻게 감당할 것인지를 나눠 보라.

"이를 위하여 나도 내 속에서 능력으로 역사하시는 이의 역사를 따라 힘을 다하여 수고하노라"(골 1:29)

4. 교회의 일, 복음의 일을 하면서 명심해야 할 것에 대하여
   나눠 보라.

"나는 이제 너희를 위하여 받는 괴로움을 기뻐하고 그리스
도의 남은 고난을 그의 몸된 교회를 위하여 내 육체에 채우노
라"(골 1:24)

"³ 만일 우리의 복음이 가리었으면 망하는 자들에게 가리어진
것이라 ⁴ 그 중에 이 세상의 신이 믿지 아니하는 자들의 마음을
혼미하게 하여 그리스도의 영광의 복음의 광채가 비치지 못하
게 함이니 그리스도는 하나님의 형상이니라"(고후 4:3-4)

3
하나님의 소원(요삼 2)

사람은 누구에게나 소원이 있다. 여러분의 소원은 무엇인가? 어떤 분은 건강일 것이다. 그런 분이 있다면 그 소원이 주 안에서, 주님의 축복 가운데 이 시간에 이루어지길 바란다. 어떤 분은 자녀의 결혼일 수도 있다. 이런 분도 하나님의 축복으로 그 소원이 이루어지길 바란다. 어떤 분은 자녀들의 취업일 수도 있다. 이런 분도 복을 받으시기 바란다.

사람에게 소원이 없다면 삶의 동력이 떨어질 것이다. 사는 것이 재미가 없을 것이다. 소원을 가지고 하나님께 기도할 때 하나님의 응답으로 소원이 성취된다면, 그 기쁨은 삶의 놀라운 축복이다.

그런데 하나님은 소원과 관련하여 축복의 말씀을 하신다. 그 소원을 주시는 분이 하나님이시라고 말이다. 빌립보서 2장 12-14절이다.

"^{12} 그러므로 나의 사랑하는 자들아 너희가 나 있을 때뿐 아니라 더욱 지금 나 없을 때에도 항상 복종하여 두렵고 떨림으로 너희 구원을 이루라 ^{13} 너희 안에서 행하시는 이는 하나님이시니 자기의 기쁘신 뜻을 위하여 너희에게 소원을 두고 행하게 하시나니 ^{14} 모든 일을 원망과 시비가 없이 하라"

물론 여기 나오는 소원은 일차적으로 우리의 구원과 관련된 소원이다. 하나님께서 구원과 관련된 소원을 주실 때, 하나님이 우리 안에서 일하시는 것이라 말씀한다. 그러면 우리의 일반적인 소원은 어떤가? 그것도 하나님께서 주신다. 그것이 하나님의 기쁘신 뜻과 관련이 있다면 하나님께서 소원을 주시고 그 소원을 놓고 기도하게 하시고 응답하심으로 우리의 길을 인도하신다. 그러므로 우리에게서 솟아나는 소원은 하나님과 관련이 있다. 하나님께서 우리와 동역하시는 일련의 과정이다.

그런데 소원과 관련하여 더 놀라운 사실이 있다. 그것은 하나님께도 소원이 있다는 것이다. 우리의 하나님은 전능하신 분이시기 때문에 소원도 많으시다. 하나님의 소원들은 위대하다. 하나님의 위대한 소원들은 모두 성경에 기록되어 있다. 특별히 본문 말씀인 요한삼서 2절은 하나님의 소원 가운데 우리를 향하신 귀중한 소원이다.

그 소원은 바로 우리의 영혼이 잘되고 범사가 잘되고 강건해지는 것이다. 그 소원이 기록되어 있는 본문인 요한삼서 2절을 보자.

"사랑하는 자여 네 영혼이 잘됨 같이 네가 범사에 잘되고 강건하
기를 내가 간구하노라"

여기서 우리를 향한 하나님의 소원의 핵심은 두 가지다. 먼저 우리 성
도들이 이 세 가지 복을 누리는 것이다. 그리고 그 복이 우리를 통하여
흘러넘쳐 이 복을 모르는 우리 이웃들에게 흘러가는 것이다.

우리를 향하신 하나님의 소원 세 가지를 하나씩 살펴보면서 은혜를
나누자.

●●영혼이 잘됨같이

첫 번째는 우리의 영혼이 잘되는 것이다. 뒤에 나오는 두 가지는 사실,
첫 번째 것에 종속된다. 우리의 영혼이 잘되지 않는데, 범사가 잘되면 무
엇을 할 것이며 강건하면 무엇을 할 것인가? 그러므로 영혼이 잘되는 것
이 가장 중요하다.

교회가 무엇인가? 교회는 예수님의 몸이라고 성경에서 말씀한다. 즉
하나님과 하나로 연합된 소중한 존재라는 것이다. 세례가 의미하는 것
이 그것이며, 성찬식이 의미하는 바가 그것이다. 지상에서 교회는 조직
을 가진다. 즉 지상교회는 형체를 가진다. 또 지역마다 존재하는 지역

교회의 형태를 띤다. 각 지역에 있는 교회가 지향해야 할 사명은 바로 하나님의 소원을 이루는 것이다. 즉 성도들의 영혼이 잘되도록 돕는 것이고, 성도들 또한 자신의 영혼이 잘되는데 관심을 가지는 것이다.

성도들의 영혼이 잘되는데 결정적인 일은 영혼이 거듭나는 것이다. 요한복음 3장 5절이다.

> "예수께서 대답하시되 진실로진실로 네게 이르노니 사람이 물과 성령으로 나지 아니하면 하나님의 나라에 들어갈 수 없느니라"

하나님은 위대한 창조를 두 번 하신다. 하나는 옛 창조라 부른다. 또 하나는 새 창조라 부른다. 옛 창조는 창세기 1장과 2장에 나오는 6일 창조다. 하나님의 위대한 천지창조다. 천지에 가득한 만물 창조가 첫 번째 창조다. 둘째 창조는 그 때부터 지금까지 계속되고 있는데, 바로 교회 창조다. 교회 창조를 새 창조라 부른다. 교회가 무엇인가? 교회는 예수님을 믿는 성도들의 모임이다. 교회는 구원 받은 성도들을 가리킨다. 교회를 다른 말로 성전이라 부른다. 교회가 다 창조되는 날이 예수님 재림하시는 날이다. 즉 성전이 완성되는 날이 예수님 재림하시는 날이다.

그러므로 교회의 중요한 사명은 성전건축이다. 즉 교회창조다. 이 교회는 구원받은 성도들의 모임이라고 했다. 이 교회 창조는 중요한 원리가 있다. 아무나 교회에 다닌다고 교회가 되는 것이 아니다. 아무리 교

회를 오래 다녀도 하나님이 정해 놓으신 조건에 충족해야 한다. 그 조건
은 성령으로 거듭남이다.

이 부분은 중요하고 또 중요하다. 왜냐하면 성령으로 거듭나지 않으
면 천국에 들어가지 못하기 때문이다. 하나님이 주시는 영원한 생명을
얻지 못하고 누리지 못하기 때문이다. 하나님의 말씀인 성경에 보면 성
령으로 거듭나는 것을 '성령의 인침'이라 표현한다. 에베소서 1장 13-14
절이다.

> "[13] 그 안에서 너희도 진리의 말씀 곧 너희의 구원의 복음을 듣고
> 그 안에서 또한 믿어 약속의 성령으로 인 치심을 받았으니 [14] 이는
> 우리 기업의 보증이 되사 그 얻으신 것을 속량하시고 그의 영광을
> 찬송하게 하려 하심이라"

성령으로 거듭나는 비결이 무엇인가? 성령으로 인침 받는 방법이 무
엇인가? 그것은 복음을 듣고 믿는 것이다. 그렇다. 복음을 듣고 믿어야
성령으로 거듭난다. 성령의 인침을 받는다.

그렇다면 복음이 무엇인가? 복음은 복된 소리다. 성경에서 말씀하는
복된 소식은 무엇인가? 로마서 1장 2-4절에 기록되어 있다.

> "[2] 이 복음은 하나님이 선지자들을 통하여 그의 아들에 관하여 성
> 경에 미리 약속하신 것이라 [3] 그의 아들에 관하여 말하면 육신으로

는 다윗의 혈통에서 나셨고 ⁴ 성결의 영으로는 죽은 자들 가운데서 부활하사 능력으로 하나님의 아들로 선포되셨으니 곧 우리 주 예수 그리스도시니라"

복음의 핵심이 무엇인가? 바로 예수님이시다. 예수님의 십자가 죽음과 부활이다. 이 복음에 대한 더 풍성한 의미가 골로새서 2장 12-15절에 나와 있다.

"¹² 너희가 세례로 그리스도와 함께 장사되고 또 죽은 자들 가운데서 그를 일으키신 하나님의 역사를 믿음으로 말미암아 그 안에서 함께 일으키심을 받았느니라 ¹³ 또 범죄와 육체의 무할례로 죽었던 너희를 하나님이 그와 함께 살리시고 우리의 모든 죄를 사하시고 ¹⁴ 우리를 거스르고 불리하게 하는 법조문으로 쓴 증서를 지우시고 제하여 버리사 십자가에 못 박으시고 ¹⁵ 통치자들과 권세들을 무력화하여 드러내어 구경거리로 삼으시고 십자가로 그들을 이기셨느니라"

무슨 말씀인가? 예수님의 죽음과 부활로 예수님이 우리의 제사장, 우리의 선지자, 우리의 왕이 되셨다는 것이다. 이 진리를 믿을 때 우리가 성령으로 거듭난다. 성령의 인침을 받는다. 이 진리를 확고하게 믿어야 한다.

교회에 오래 다녔지만 구원의 확신이 없던 사람에게 세상을 떠나기 며

칠 전에 담임목사님이 가서 복음을 전했단다. 그 분은 울면서 예수님을 영접했다고 한다. 직분이 구원시키는 것 아니다. 연륜이 거듭나게 하는 것이 아니다. 영혼이 잘 돼야 한다. 즉 구원 받아야 한다. 성령으로 거듭나야 한다. 성령으로 인침을 받아야 한다.

영혼이 잘되게 하는 교회와 성도가 하는 두 번째 일은 양육이다.

양육은 새 생명을 키우는 일이다. 새 생명이 태어났으면 자라기 시작한다. 나도 그렇고 남도 그렇다. 핵심 영양소를 잘 먹어야 한다. 하나님의 말씀을 먹을 때 영혼이 성장한다.

구원의 역사가 기록된 하나님의 말씀을 먹어야 한다. 창세기, 요한복음, 사도행전, 로마서, 요한계시록 등이다. 기록된 말씀과 약속된 말씀과 설교 즉 선포된 말씀을 들음으로 성장해가야 한다.

고린도전서 4장 6절에 '기록된 말씀'이 나온다.

"형제들아 내가 너희를 위하여 이 일에 나와 아볼로를 들어서 본을 보였으니 이는 너희로 하여금 기록된 말씀 밖으로 넘어가지 말라 한 것을 우리에게서 배워 서로 대적하여 교만한 마음을 가지지 말게 하려 함이라"

기록된 말씀을 통하여 양육 받을 때 교만한 마음을 가지지 않게 된다. 겸손한 마음을 가짐으로 하나님의 넘치는 축복을 계속 누리게 된다.

고린도후서 1장 20절에 약속된 말씀이 나온다.

"하나님의 약속은 얼마든지 그리스도 안에서 예가 되니 그런즉 그로 말미암아 우리가 아멘 하여 하나님께 영광을 돌리게 되느니라"

약속된 말씀을 통하여 양육 받을 때 예수님 안에서 약속된 하나님의 축복을 받아 누리게 된다. 약속된 말씀을 듣고 고백하고 아멘 해야 한다. 그렇게 할 때 예수님 안에서 말씀의 축복을 누리게 된다.

디모데후서 4장 17-18절에 선포된 말씀이 나온다.

"[17] 주께서 내 곁에 서서 나에게 힘을 주심은 나로 말미암아 선포된 말씀이 온전히 전파되어 모든 이방인이 듣게 하려 하심이니 내가 사자의 입에서 건짐을 받았느니라 [18] 주께서 나를 모든 악한 일에서 건져내시고 또 그의 천국에 들어가도록 구원하시리니 그에게 영광이 세세무궁토록 있을지어다 아멘"

선포된 말씀은 기록된 말씀과 약속된 말씀이 설교를 통하여 전달되는 것이다. 그 선포된 말씀은 우리를 악한 일에서 건져내시고 천국에 들어가도록 구원하신다고 말씀한다. 설교를 아멘으로 겸손히 들으면서 양육 받아야 한다. 이렇게 할 때 우리의 영혼이 잘되는 복을 받는다.

이런 양육을 통하여 주님과 동거하고 동행하고 동역하도록 하는 것이 교회의 사명이다. 우리가 거듭나는 것이 중요하다. 그 다음에는 하나님의 말씀을 통하여 성장하는 것이 중요하다. 이것이 우리의 영혼이 잘되는 것이며, 이렇게 될 때 이 축복이 우리를 통하여 이웃에게 흘러간다. 이것을 위하여 교회가 존재하고 우리의 사명이 존재한다. 세상에서 가장 중요한 것이 바로 이 영혼이 잘되는 것이다. 이런 복을 누리자.

●●범사가 잘되고

두 번째는 범사가 잘되는 것이다.

"사랑하는 자여 네 영혼이 잘됨 같이 네가 범사에 잘되고 강건하기를 내가 간구하노라"

여기 '범사'는 우리의 삶에서 일어나는 모든 일을 말한다. 특별히 여기서는 물질적인 축복을 뜻한다. 우리가 먼저 경제적으로 복을 받고 이웃에게도 경제적으로 복을 받게 하는 것이다.

성경에 가장 많이 나오는 주제 중 하나가 물질이다. 돈이다. 그러나 우리가 여기서 잊지 말아야 할 진리가 있다. 범사 즉 물질적인 부분이 중요하지만, 영혼이 잘되는 것이 우선이라는 것이다. 영혼이 잘되지 않는 상태에서 범사가 잘되는 것은 재앙이기 때문이다.

예수님께서 이렇게 말씀하셨다.

"²² 그 사람은 재물이 많은 고로 이 말씀으로 인하여 슬픈 기색을 띠고 근심하며 가니라 ²³ 예수께서 둘러보시고 제자들에게 이르시되 재물이 있는 자는 하나님의 나라에 들어가기가 심히 어렵도다 하시니"(막 10:22-23)

영혼이 잘되지 않는 상태에서 부자가 되고 물질적 풍요가 있는 것은 재앙이다. 영혼이 잘되고 범사가 잘될 때 궁극적인 축복이 된다.

그러므로 우리는 돈을 벌고 모으고 쓸 줄 알아야 한다.

우리는 이것을 두 가지 관점에서 배워야 한다. 첫째는 특별은총 안에서 배우는 것이다. 즉 성경에 언급된 돈에 대하여 배우고, 둘째는 일반은총 안에서 배워야 한다. 하나님이 열어주신 돈에 대한 일반 지식도 배워야 한다는 말이다.

성도는 세상에서 돈을 벌 줄 알아야 한다. 돈을 벌 줄 모르는 사람들이 의외로 많다. 그냥 생기는 줄 아는 사람도 있다. 천만의 말씀이다. 돈을 버는 방법이 있다. 이것은 유대인들처럼 어렸을 때부터 배워야 한다. 어른이 되었어도 배우지 않았으면 배워야 한다. 배우고 나서 그대로 했는데, 돈이 안 벌리는 경우와 배우지도 않고 돈이 벌리지 않는다고 말하는 것은 차이가 크다. 돈의 흐름이 있다. 돈이 흘러가는 원리를 배우는 것은 매우 중요하다.

또 돈을 모으는 방법도 배워야 한다. 열심히 번 돈을 모을 줄 아는 것이 중요하다. 일명 재테크다. 어떤 사람들은 번 돈을 모을 줄 몰라서 번 돈을 다 써버리는 사람들이 있다. 버는 대로 다 쓴다. 그것도 모자라서 카드를 만들어 빚을 내서 쓰기도 한다. 그런 사람들에게는 아무리 많은 돈이 벌려도 답이 없다. 돈을 어떻게 모으는가에 대한 전문가의 도움을 받는 것이 중요하다. 흔히 말하는 부동산 투자를 비롯하여 건전한 재산증식을 위한 바른 공부가 필요하다.

세 번째로 돈을 사용하는 방법도 배워야 한다. 아무리 돈을 잘 벌고 재테크를 잘해서 많은 돈을 모아 놓았다 해도 하나님의 뜻대로 사용할 줄 모르면 인생의 실패로 귀결이 된다. 하나님의 뜻대로 사용하는 제일의 원리는 십일조다. 말라기 3장 10절이다.

"만군의 여호와가 이르노라 너희의 온전한 십일조를 창고에 들여 나의 집에 양식이 있게 하고 그것으로 나를 시험하여 내가 하늘 문을 열고 너희에게 복을 쌓을 곳이 없도록 붓지 아니하나 보라"

영혼이 잘되는 사람은 십일조를 한다. 영혼이 잘되지 않는 사람은 십일조를 할 수 없다. 하나님이 십일조를 하라는 이유는 주권의 문제다. 우리에게 복을 주시기 위함이다. 물질을 통하여 신앙고백을 확인하시는 것이다. 인생의 주인이 누구인가? 우리의 생명의 주인이 누구인가를 확인하는 것이다. 우리의 모든 물질은 하나님이 주시는 것이다. 거기서 십분의 일을 하나님께 드리도록 하셨다. 그것을 보고 우리의 신앙을 확인하시는 것이다.

그렇다. 십일조 생활을 바르게 하는 것은 하나님의 하나님 되심을 인정하는 핵심이다. 물질을 비롯한 모든 것의 주인이 하나님임을 인정하는 것이 십일조다.

십일조 생활을 하지 않으면 인생이 마이너스가 된다. 수학에서 괄호 안의 숫자가 아무리 큰 숫자라 해도 괄호 밖에 마이너스 표시가 있으면 전체가 마이너스가 되는 원리다.

하나님의 뜻대로 돈을 사용하는 핵심 원리는 우리의 재물을 하늘에 쌓아두는 것이다. 사실 이것은 돈을 영원히 모으는 핵심 방법이다.

"[19] 너희를 위하여 보물을 땅에 쌓아 두지 말라 거기는 좀과 동록이 해하며 도둑이 구멍을 뚫고 도둑질하느니라 [20] 오직 너희를 위하여 보물을 하늘에 쌓아 두라 거기는 좀이나 동록이 해하지 못하며 도둑이 구멍을 뚫지도 못하고 도둑질도 못하느니라"(마 6:19-20)

이 말씀은 귀가 있는 사람만 들린다. 성령으로 거듭난 사람만 들린다. 이 말씀이 들리면 하나님이 주신 물질을 하나님의 뜻대로 지혜롭게 사용함으로 재물을 하늘에 쌓게 된다. 이 말은 우리가 영원을 보낼 하늘에서도 재물이 필요하다는 말이다. 어떻게 필요한지 궁금해진다. 기대도 된다. 이런 기대가 있는 사람만이 재물을 하늘에 쌓게 될 것이다. 하나님의 뜻대로 재물을 사용하는 것이 하늘에 재물을 쌓는 방법이다.

교회가 이 부분에 힘써야 한다. 우리는 경제생활을 위하여 둘 중의 하나를 한다. 직장생활 아니면 사업을 한다. 여기에는 나름대로 중요한 원리들이 있다. '창업스쿨'같은 과정을 통하여 돈의 흐름을 배울 수 있다. 이것은 창업하는 사람에게만 필요한 것이 아니다. 창업 된 회사에서 일하는 사람에게도 중요하다. 창업주가 무슨 생각으로 회사를 경영하는지를 알 수가 있다. 돈의 흐름이 어디를 향하는지도 알 수 있다. 그러면 그 기업주에게 맞춰서 일을 할 수 있기 때문에 그만큼 일을 지혜롭게, 탁월하게 할 수 있다. 또 어떤 일이든지 창업하려는 사람에게는 수많은 위험을 미연에 방지할 수 있다. 그 일을 성공시킬 수 있는 수많은 원리들을 배울 수 있다.

이 부분이 너무나 중요하기 때문에 우리뿐만 아니라 우리의 자녀들에게도 어렸을 때부터 가르쳐야 한다. 유대인들이 세계 경제를 좌지우지하는 이유가 여기에 있다. 그들은 어렸을 때부터 경제를 가르친다. 돈의 흐름을 알게 한다.

이 범사 부분, 재물과 경제 부분에서 주의할 점이 있다. 마치 '복 요리'와 같다. 물질적 축복을 누리는 것은 놀라운 축복이 되기도 하지만 저주가 될 수도 있다. 그렇다고 외면할 수도 없다.

신명기 8장 11-20절을 명심해야 한다.

"[11] 내가 오늘 네게 명하는 여호와의 명령과 법도와 규례를 지키지 아니하고 네 하나님 여호와를 잊어버리지 않도록 삼갈지어다 [12] 네가 먹어서 배부르고 아름다운 집을 짓고 거주하게 되며 [13] 또 네 소와 양이 번성하며 네 은금이 증식되며 네 소유가 다 풍부하게 될 때에 [14] 네 마음이 교만하여 네 하나님 여호와를 잊어버릴까 염려하노라 여호와는 너를 애굽 땅 종 되었던 집에서 이끌어 내시고 [15] 너를 인도하여 그 광대하고 위험한 광야 곧 불뱀과 전갈이 있고 물이 없는 간조한 땅을 지나게 하셨으며 또 너를 위하여 단단한 반석에서 물을 내셨으며 [16] 네 조상들도 알지 못하던 만나를 광야에서 네게 먹이셨나니 이는 다 너를 낮추시며 너를 시험하사 마침내 네게 복을 주려 하심이었느니라 [17] 그러나 네가 마음에 이르기를 내 능력과 내 손의 힘으로 내가 이 재물을 얻었다 말할 것이라 [18] 네 하나님 여호와를 기억하라 그가 네게 재물 얻을 능력을 주셨음이라 이같이 하심은 네 조상들에게 맹세하신 언약을 오늘과 같이 이루려 하심이니라 [19] 네가 만일 네 하나님 여호와를 잊어버리고 다른 신들을 따라 그들을 섬기며 그들에게 절하면 내가 너희에게 증거하노니 너희가 반드시 멸망할 것이라 [20] 여호와께서 너희 앞에서 멸망시키신 민족들 같이 너희도 멸망하리니 이는 너희가 너희의 하나님 여호와의 소리를 청종하지 아니함이니라"

하나님의 뜻대로 돈을 벌고 돈을 모으고 돈을 사용할 줄 알아야 한다. 그렇지 않으면 그냥 가난하게 사는 것이 복이다. 십일조도 하지 않는 상태에서 많은 돈이 들어가고 모아지고 자신의 뜻대로 돈을 사용하게 된다면 복이 아니라 큰 재앙이 되기 때문이다.

이런 관점에서 우리는 항상 잠언 30장에 나오는 아굴의 기도를 하면서 경제생활, 물질생활을 해야 한다.

"[7] 내가 두 가지 일을 주께 구하였사오니 내가 죽기 전에 내게 거절하지 마시옵소서 [8] 곧 헛된 것과 거짓말을 내게서 멀리 하옵시며 나를 가난하게도 마옵시고 부하게도 마옵시고 오직 필요한 양식으로 나를 먹이시옵소서 [9] 혹 내가 배불러서 하나님을 모른다 여호와가 누구냐 할까 하오며 혹 내가 가난하여 도둑질하고 내 하나님의 이름을 욕되게 할까 두려워함이니이다"(잠 30:7-9)

할 수만 있으면, 삼성만한 능력 있는 기업을 많이 세워서 세상 모든 사람들의 필요를 채워주고 싶다. 하나님이 허락하시면!

● ● 강건하기를

"사랑하는 자여 네 영혼이 잘됨 같이 네가 범사에 잘되고 강건하기를 내가 간구하노라"

우리를 향하신 하나님의 소원 세 번째는 우리가 강건해지는 것이다. 즉 천국에 갈 때까지 건강하게 사는 것이다.

'건강이 최고'라는 말이 있다. 건강이 얼마나 중요하면 이런 말이 생겨났을까? 굳이 말하자면 최고는 아니다. 최고는 영혼이 잘되는 것이다. 그렇다고 건강이 가치가 없는가? 아니다. 건강은 너무나 중요하다. 건강이 얼마나 중요한지는 건강이 위협을 받게 될 때 깊이 깨닫게 된다. 따라서 성도는 건강관리를 잘해야 한다.

건강을 위하여 필요한 두 가지는 좋은 영양소 섭취와 운동이다. 물론 마음에 평안이 있어야 하는 것이 가장 중요하지만, 이것은 우리가 첫 번째로 살펴보았던 영혼과 관련이 있다. 즉 우리의 영혼이 잘되면 우리의 마음 문제는 자동적으로 해결이 된다.

우리 육체의 건강이 영혼이 잘되는 것과 관련이 있다는 말씀들이 성경에 많이 나온다. 물론 건강이 좋지 않다고 해서 그것이 모두 영혼에 문제가 있다고 봐서는 안 된다. 그렇지 않은 경우도 있기 때문이다.

예수님이 이 땅에 오셔서 가장 많은 비중을 두신 일 중 하나가 병을 고쳐주신 일이다. 백성들의 육체의 건강을 회복시켜 주셨다. 마가복음 5장 34절이다. "예수께서 이르시되 딸아 네 믿음이 너를 구원하였으니 평안히 가라 네 병에서 놓여 건강할지어다." 사도행전 4장 10절에도, "너희와 모든 이스라엘 백성들은 알라 너희가 십자가에 못 박고 하나님이 죽은 자 가운데서 살리신 나사렛 예수 그리스도의 이름으로 이 사람이 건강하게 되어 너희 앞에

섰느니라"고 말씀하셨다.

우리 육체의 건강은 아무리 강조해도 지나치지 않다. 좋은 영양과 운동이 좋다고 해도 우리가 그것을 잘 지키는 것이 쉽지 않다.

가능한 한 교회들이 이것을 어떻게 도와줄 수 있을까를 고민한다. 그래서 건강에 유익한 정보를 제공하는 일에 힘쓴다. 좋은 건강 정보도 주고 할 수 있으면 좋은 전문가를 모셔서 특강을 듣기도 한다. 이 부분에 있어서도 건강스쿨도 필요하다. 건강에 필요한 전반적인 정보를 제공해 주는 것이다. 일반적인 건강원리가 있다. 대부분 산발적이고 부분적인 지침들이 많이 있다. 우리 몸의 전체적이고 부분적인 건강 원리를 종합적으로 정리하여 알려주는 체계를 활용해야 한다.

●●나오며

"사랑하는 자여 네 영혼이 잘됨 같이 네가 범사에 잘되고 강건하
기를 내가 간구하노라"

그렇다면 하나님께서 이런 소원을 가지고 우리에게 넘치는 축복을 주
시려는 목적이 무엇인가? 우리를 영화롭게 하시려는 것이다. 원래 창조
의 목적이 여기에 있다. 하나님이 가지고 계신 모든 영광을 나눠주시려
는 하나님의 사랑이다.

여기 우리가 잊지 말아야 할 중요한 진리가 있다.
하나님의 소원인 이 세 가지가 완벽하게 이루어지는 곳이 어디일까?
천국이다.
이 세상은 천국을 연습하는 곳이다. 천국을 미리 경험하는 곳이다.
하나님은 하나님의 소원을 이루는 일에 교회를 사용하시기로 하셨다.
즉 교회가 하나님의 소원을 이루어 드릴 때 하나님께 영광을 돌리는 것
이고 교회인 성도가 그 영광에 동참하는 것이다. 이것이 교회의 사명이
다.

그러므로 주님 오시는 그 날까지 하나님의 소원을 이루어드리는 교회가 되자. 성도들이 되자. 즉 내 자신의 영혼이 잘되고 범사가 잘되고 강건해지는 것이 하나님의 소원을 이루는 것이다. 주님께 영광 돌려드리는 것이다. 우리가 하나님의 축복을 받는 놀라운 삶이다. 뿐만 아니라 내 이웃의 영혼이 잘되고 범사가 잘되고 강건해지는 것 또한 하나님의 소원을 이루어 드리는 것이다. 우리가 하나님의 영광에 동참하는 방법이다.

이것을 위하여 두 가지가 중요하다.

첫째는 하나님께 날마다 기도해야 한다. 요한삼서 2절 말씀은 기도문이다. 이 말은 하나님의 소원을 이루어 드리는 것이 우리의 기도제목이 되어야 한다는 말이다. 날마다 이 축복을 위하여 기도하자.

둘째는 이 세 가지를 위하여 공부해야 한다. 요한삼서 2절에 나오는 성경적 원리를 공부해야 하고 일반은총적인 원리를 공부해야 한다.

어떻게 할 때 영혼이 잘될 수 있는 지를 공부해야 한다.

어떻게 할 때 범사가 잘될 수 있는 지를 공부해야 한다.

어떻게 할 때 건강할 수 있는 지를 공부해야 한다.

그리하여 이 땅에서 하나님의 백성으로 살면서 하나님의 소원을 이루어 드려야 한다. 또한 하나님이 주시는 축복을 받아 누려야 한다. 뿐만 아니라 이 놀라운 축복을 우리의 이웃에게 나눠 주어야 한다.

"사랑하는 자여 네 영혼이 잘됨 같이 네가 범사에 잘되고 강건하기를 내가 간구하노라"

이런 교회, 이런 성도들이 되도록 기도하자.

〈토의 문제〉

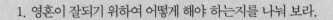

1. 영혼이 잘되기 위하여 어떻게 해야 하는지를 나눠 보라.

2. 세 가지 종류의 말씀에 대하여 나눠 보라.

3. 범사가 잘되기 위하여 어떻게 해야 하는지를 나눠 보라.

4. 강건하기 위하여 어떻게 해야 하는지를 나눠 보라.

"십자가의 도가 멸망하는 자들에게는 미련한 것이요 구원을 받는 우리에게는 하나님의 능력이라"(고전 1:18)

길 가는데 어떤 사람들이 눈을 동그랗게 뜨고 "도를 아십니까?" 하며 말을 걸어왔다.

황당 그 자체였다. '무슨 도?'

'허접한 도'였다.

그런 허접한 도를 전하는데도 세상 사람들은 열심이다.

여기 '진리의 도'가 있다. 그 도는 바로 '십자가의 도'다.

믿을 때 영원한 생명을 얻는 '값진 도'다.

믿을 때 하나님의 자녀가 되는 '영광의 도'다.

그 도의 핵심은 '예수 그리스도'다.

예수님이 그리스도라는 사실을 믿을 때 최고의 자유와 해방을 누린다. 영생을 누린다.

죄로부터 해방된다.

율법으로부터 해방된다.

사탄으로부터 해방된다.

수많은 사람들이 이 책을 통하여 하나님 아버지께서 예수님을 통하여 주신 영광에 참여하기를 바란다.

샬롬(평강) 마라나타!(주 예수님, 어서 재림해 오시옵소서).

십자가의 도를 아십니까?

초판 1쇄 발행 2018. 12. 21.

- ■지은이   김호성
- ■펴낸이   방주석
- ■펴낸곳   베드로서원
- ■주 소   10252 경기도 고양시 일산동구 고봉로 776-92
- ■전 화   031-976-8970
- ■팩 스   031-976-8971
- ■이메일   peterhouse@daum.net
- ■창립일   1988년 6월 3일
- ■등 록   (제59호) 2010년 1월 18일

ISBN   978-89-7419-370-6 03230

책값은 뒤표지에 있습니다.

베드로서원은 말씀과 성령 안에서 기도로 시작하며
영혼이 풍요로워지는 책을 만드는 데 힘쓰고 있으며,
문서선교 사역의 현장에서 세계화의 비전을 넓혀가겠습니다.

나의 힘이신 여호와여 내가 주를 사랑하나이다(시 18:1)